Hannelore Frank · Leben angesichts des Todes

Auf vielfachen Wunsch wird diese Schrift, die
1968 zum erstenmal im Kreuz Verlag
erschienen ist, neu aufgelegt. Hannelore
Frank war bis zu ihrem Tode im Jahre 1973
Pastorin auf Sylt. Sie nimmt in dieser kleinen
Schrift den Leser an die Hand und denkt
am eigenen Beispiel mit ihm durch, welche
Anstöße zur Lebensgestaltung das Bedenken
des Sterbens vermittelt. Niemand, auch sie
selbst nicht, ahnte damals, wie bald für sie das
Ende kommen würde. Es entsprach ihrer Natur
keineswegs, das Leben und die alltäglichen
Freuden und Pflichten geringzuachten.
Im Gegenteil: gerade weil sie aktiv sein und
das Zusammenleben mit Freunden und
Nachbarn, mit Pflanzen und Tieren genießen
wollte, stellte sie sich der Frage nach dem
Sterben. Die Neuauflage wurde erweitert um
Auszüge aus einem Brief, den ihr Ehemann,
Henning Frank, nach ihrem Tode an die
Freunde geschrieben hat, Zeugnis für einen
Krankheitsverlauf, dem Hannelore Frank
immer wieder Wochen des Schaffens und des
Glücks abgerungen hat.

Hannelore Frank

Leben
angesichts des Todes

Kreuz Verlag Stuttgart · Berlin

Die Zitate aus dem Prediger sind
der Neuen Zürcher Bibel entnommen.
Alle anderen Bibeltexte sind wiedergegeben
nach der Übertragung von Jörg Zink.

Veränderte und erweiterte Neuausgabe
2. Auflage (11.–14. Tausend) 1980
© Kreuz Verlag Stuttgart 1968
Gestaltung: Hans Hug
Umschlagfoto: Konrad Jäger
Gesamtherstellung: Ebner Ulm
ISBN 3 7831 0519 6

Inhalt

Vorwort

Ein Buch vom Sterbenmüssen und vom Tod – muß man das denn lesen? Wer denkt schon gern darüber nach, daß er eines fernen oder nahen Tages das alles hinter sich lassen muß, was ihn heute noch quält oder freut oder langweilt? Kein Mensch, natürlich, auch ich nicht; und ich stimmte Ihnen also gerne zu, wenn Sie diese kleine Schrift nun ungelesen beiseite legen würden, wüßte ich nicht, nein, wäre ich mir nicht sogar ganz sicher, daß der Gedanke an den Tod Sie hin und wieder beschäftigt, genau wie mich.

Nur, seien wir ehrlich, wir gestehen das nicht allzu gerne ein, und wenn wir's gleich einmal eingestehen möchten – vor wem denn? Vor wildfremden Leuten etwa? Bei einer Meinungsumfrage an der Wohnungstür oder auf der Straße, die Einkaufstasche am Arm und einen ungeduldigen Dreikäsehoch am Rockzipfel? Oder bei einer Party, am Teetisch, im Kreise hochgeistiger Menschen, die so bedeutsame Worte zu sagen wissen vom Tod, dem Schnitter, von Freund Hein oder dem Knochenmann, dem argen, den Dichter und Maler uns schrecklich oder schön vor Augen führen? Mir bleibt gerade in solchen Situationen immer jeder wirklich ehrliche, betroffene, menschliche Satz sofort im Halse stecken – ich kann nicht poetisch, feinsinnig oder philosophengewandt von etwas sprechen, das mich so heftig angeht.

Doch das weiß ich bestimmt, wie jedermann

es weiß: Ich müßte und ich möchte einmal gründlich, genau und persönlich darüber nachzudenken beginnen und dann die Folgerungen daraus ziehen, was das für mein Leben bedeutet, für mein bewußtes, ausgekostetes, aufgestörtes oder getröstetes Leben, daß ich irgendwann einmal sterben werde und daß ich den Termin dieses Sterbens nicht kenne.

Denn: Ist nicht diese Welt, ist nicht diese Frist von der Geburt bis zum Tode der Ort, die Spanne Zeit, wo Gott uns hingestellt hat, daß wir tun, was an uns ist? Sind nicht Aufgaben da, genug und übergenug, für Christen, christlich Infizierte und auch für Nichtchristen, so selten sie unter uns sein mögen? Betrifft uns nicht alle die gleiche Frage: Was ist hier zu tun, warum leben wir, ist es schlimm, daß wir sterben müssen, und was, vielleicht, kommt nach diesem Sterben? Zunächst aber, ich sage es noch einmal, ist doch das Leben dran, der Alltag, die Arbeit, die Liebe, die Verzweiflung, die Freude, die Öde, die Verantwortung für andere, das Denken und das Handeln.

Ich weiß nicht, ob es Sie interessiert, ob es Sie verleiten kann, mitzudenken und nachzudenken, was ich, ein Mensch wie Sie, wie jeder andere auch, auf diese Frage und die Fragen, die aus ihr erwachsen und ihrerseits beantwortet werden müssen, zu sagen versuche. Etwas Fertiges, Gültiges, Objektives ist es ganz gewiß nicht, es ist vielmehr die Meinung eines einzelnen, vielleicht eines Außenseiters, ich halte das durchaus für möglich. Vielleicht aber auch ist manches an dieser Meinung typisch, allgemein und für jedermann von einem gewissen Belang. Noch einmal: Ich weiß es nicht.

Wenn Sie mir aber folgen wollen, einfach meinem Gedankengang ein Stück weit nachgehen, um dann, am Ende oder schon früher, Ihr eigenes Schicksal, Ihr Leben, Ihre Probleme einzubeziehen und fortan nur noch diese zu bedenken – dann verspreche ich Ihnen schon jetzt, daß Sie etwas davon haben werden, Stoff zum Nachdenken, allerlei Einsichten und Erkenntnisse, vielleicht sogar einen wirklichen Gewinn, und bestünde er auch nur in Ihrem Widerspruch.

Wollen Sie's wagen? Dann also lassen Sie mich zunächst einmal einfach erzählen!

Sei deines Schöpfers eingedenk
in der Blüte deines Lebens.

Prediger 12, 1

Plötzlich und unerwartet

Immer wieder habe ich das erlebt – und ich werde es wohl auch noch oft erleben müssen –, daß ich arglos ans Telefon gehe, den Hörer vom Apparat abnehme, weil ich durchs Geklingel von irgendeiner Arbeit aufgescheucht worden bin, und dann sagt eine aufgeregte Stimme: Haben Sie schon gehört? Das von dem Unglück? Ist so was nicht schrecklich – so ein junger Mensch, noch nicht einmal siebenundzwanzig Jahre alt, und die Frau erwartet gerade ihr erstes Baby, und dann das! Ich weiß nicht, ob man Ihnen erzählt hat, wie es passiert ist? Also der Wagen geriet ins Schleudern – kein Wunder bei dem Glatteis! –, und dann hat er sich überschlagen und landete auf dem Acker gleich neben der Schule. Der Werner war sofort tot. Sein Freund, der neben ihm saß, liegt mit einem doppelten Schädelbruch in der Klinik, man weiß noch nicht, ob er durchkommt.

Und wenn ich dann ein wenig später ins Dorf gehe, zum Einkaufen etwa, um einen Brief zur Post zu bringen oder was auch immer, dann hat sich die böse Nachricht schon ausgebreitet wie ein Waldbrand, und allenthalben höre ich: Ist das nicht furchtbar? Die arme Frau! Und der Werner war doch immer ein so vorsichtiger Fahrer!

Es scheint, als gäbe es im ganzen Kirchspiel keinen anderen Gesprächsstoff. Im Omnibus redet man darüber und im Wartezimmer des Zahnarztes, beim Milchmann weiß jemand zu berichten, daß das Unglücksauto noch nicht ganz abgezahlt gewesen sei, irgendwer hat gehört, die junge Witwe wäre fassungslos zusammengebrochen, als der Polizist ihr die Nachricht schonend beizubringen suchte; kurzum, jedermann starrt fasziniert auf das Unglück, das unter uns geschehen ist, jedermann ist betroffen, erschrocken, verstört, man spürt es beinahe körperlich.

Gewiß, es ist auch ein bißchen Sensationsgier dabei, das Aufregende hat seine eigene Anziehungskraft, zumal in kleinen Orten, wo sonst nicht allzuviel passiert, auch Lust am Klatsch ist mit hineingemischt, nicht nur bei anderen, auch bei mir, ich nehme mich da keineswegs etwa aus. Trotzdem frage ich mich jedesmal wieder, warum wir eigentlich alle so bestürzt und erregt sind, warum wir von nichts anderem mehr reden und an kaum etwas anderes denken können, warum uns dieses schlimme Geschehen einen solchen Schock versetzt. Ja, warum? Der junge Mann war mit keinem von uns verwandt oder verschwägert, er war auch kein Prominenter, dessen Tod die Welt als unersetzlichen Verlust beklagen würde, die wenigsten im Dorf standen ihm sonderlich nahe, manche hatten ihn kaum gekannt – und doch ertappten wir uns allesamt dabei, daß uns sein unerwartetes Sterben noch tagelang nachging. Noch einmal: Warum?

Bewußt oder unbewußt, so scheint mir, hatten wir samt und sonders begriffen, daß dieser Tod ebensowohl unser eigener Tod hätte sein können (vorgestern noch hat mich der Werner in seinem Auto mitgenommen nach der Stadt!), durch Zufall oder Fügung waren wir's nicht, noch nicht, diesmal nicht, die mitten aus dem Leben herausgerissen wurden. Wir waren noch einmal davongekommen, und wir seufzten erleichtert auf, den Schrecken aber spürten wir trotzdem in allen Gliedern. Denn wenn ich es nun gewesen wäre, was dann? Oder wenn mein eigener Mann jetzt statt jenes anderen in der Leichenhalle läge, aufgebahrt und kalt und für immer von mir genommen? Auch fange ich an, unwillkürlich, mir auszumalen, wie mein Leben wäre und wie es weitergehen würde mit mir, wenn ich diesen oder jenen meiner Freunde solcherart verloren hätte. Und wie sähe es für diese selbst aus, wenn sie sterben müßten, plötzlich und unerwartet? Wären sie dann glücklich gewesen, hätten sie ihr Leben ausgekostet, genossen, erfüllt, abgerundet? Hätte ich zu diesem Glück, zu dieser Abrundung oder Erfüllung etwas beigetragen, wäre ich dazu hilfreich oder gar nötig gewesen? Auf einmal scheint mir das eine äußerst wichtige Frage zu sein, obgleich mich zu anderen Zeiten dergleichen Dinge niemals sonderlich beschäftigen oder bedrängen; aber ehe ich sie auch nur halbwegs zu Ende denke, schweife ich schon wieder ab, überlege weiter, prüfe und brüte:

Und ich – da bin ich also nun wieder bei mir selber und bei meinem eigenen Schicksal –, wäre ich denn glücklich gewesen, so glücklich, daß ich mir nichts Wichtiges oder Wesentliches mehr hätte wünschen können bis zum Tage meines Todes, wenn ich jetzt hätte gehen müssen? Oder hätte mir doch einiges, vieles, womöglich sogar fast alles gefehlt? Hätte ich, beispielsweise, gern noch allerlei geändert, verbessert, gutgemacht, hätte ich dieses oder jenes ausstreichen oder hinzufügen mögen, und wenn ja – was denn wohl? Und warum?

Fragen über Fragen, und für all diese Fragen weiß ich zunächst kaum eine Antwort. Nur so viel ist doch zu erkennen, wenn auch von ferne nur, undeutlich, nicht allzu genau umrissen: Betroffen bin ich, sind wir alle miteinander von solch einem jähen Tod in unsrer Mitte vornehmlich darum, weil wir wissen oder doch wenigstens ahnen, daß der Tod unwiderruflich ist, daß er zu jeder Zeit jeden von uns treffen kann, daß dann keinerlei Korrektur mehr möglich ist, im Guten nicht und nicht im Bösen, daß dann ein Leben, was sage ich: mein Leben abgeschlossen und beendet ist, erfüllt oder unerfüllt, glücklich oder unglücklich, sinnvoll oder sinnlos, genützt oder vertan.

Ich ziehe daraus den Schluß: Da ich jetzt noch lebe, in dieser Stunde, in diesem Augenblick, kann ich auch jetzt noch etwas tun. Fragt sich freilich, was denn zu tun nun wirklich wichtig und dringlich ist – angesichts des Todes, dessen Termin ich nicht kenne. Da also muß man ansetzen mit der eigenen Überlegung, da wenigstens werde ich es zu tun versuchen.

Denn das alles ist freilich nur meine Folgerung, sind meine Fragen, meine zaghaften Ansätze eigenen Denkens aus eigener Beobachtung, und ich könnte mir durchaus vorstellen, daß anderer Leute Gedanken ganz anders laufen, nachdem sie sich festgehakt haben an einem tödlichen Badeunfall, einem Lawinenunglück, einer Grubenkatastrophe in der Nachbarstadt. Ich muß mich erkundigen, mich umhören – aber ob man mir erzählen wird, warum man so erschrocken ist, was man dabei empfand, wie man, davon dann ausgehend, weiterdachte, überlegte und welche Konsequenzen man für sich selbst und das eigene Leben hier und heute daraus zog? Wichtig, da bin ich ganz sicher, muß das alles doch auch für andere Menschen sein, nicht nur für mich, nicht nur für meinesgleichen, sondern für jedermann. Warum sonst, ich sagte das ja schon, wären wir alle wie benommen und betäubt, wenn die junge Lehrerin überfahren wird, an der Kreuzung bei der Bahn (immer habe ich mich gewundert, daß da nicht schon lange was passiert ist!), und bald darauf im Krankenhaus stirbt? Sie war eben dreißig, du lieber Himmel, und im Frühjahr wollte sie heiraten!

Herr, lehre uns bedenken, daß wir sterben müssen, auf daß wir klug werden! Irgendwann hat beinahe jeder dieses Bibelwort einmal gehört, gelesen, vielleicht sogar lernen müssen, dann aber haben wir es wieder vergessen – ich auch, das gebe ich hier unumwunden zu –, nun aber ist es mir wieder gegenwärtig, und ich begreife, daß es zumindest an dem einen Punkt recht hat: Man muß lernen, muß es wenigstens zu lernen versuchen, was es für das Leben, für mein Leben, um ganz genau und ganz ehrlich zu sein, bedeutet, daß wir sterben müssen. Aber wie lernt man das? Ich weiß es nicht, noch nicht. Ich weiß zunächst auch nicht, wie ich hier weiterdenken, weiterfragen könnte, ich breche also einfach ab und versuche es anders und neu – in einem neuen Kapitel.

Das ist das Schlimme bei allem, was unter der Sonne geschieht, daß alle dasselbe Geschick trifft.

Prediger 9, 3

Wer weiß, was ihm erspart geblieben ist!

Man spricht nicht vom Sterben, das Thema ist tabu, normalerweise – auf einmal aber redet alle Welt davon, verstört und aufgeregt. Wir reden, als würden wir für jedes Wort bezahlt, wir reden, weil wir uns Luft machen müssen, wir reden, um das Geschehene zu deuten. Vielleicht, wahrscheinlich sogar, ist uns das gar nicht bewußt, wir meinen nur zu berichten, allenfalls zu kommentieren oder auszuschmücken, und sind doch längst dabei, eine Erklärung zu suchen und eine Antwort zu geben.

Aber hat uns eigentlich irgend jemand nach einer Antwort gefragt? Die Angehörigen und Freunde jenes jungen Mannes ganz gewiß nicht, auch nicht der Verlobte der verunglückten Lehrerin. Wer also dann? Etwa wir selber? Es scheint so, denn ich wüßte niemanden sonst. Beschwichtigen wir unsere eigene Erregung und Aufgestörtheit, beantworten wir unsere eigenen unausgesprochenen Fragen, wenn wir an der Kasse beim Kaufmann etwa oder über den Gartenzaun zur Nachbarin das Geschehene noch einmal erörtern?

Schrecklich ist das, wenn einer so sterben muß, plötzlich und unerwartet! Kaum gedacht, war der Lust ein End gemacht, das sagte meine Mutter immer, und die hat zwei Söhne im Krieg verloren, und meine Schwester ist überfahren worden, genau an ihrem fünften Geburtstag, da hat sie einen Roller gekriegt, und dann kam ein Lastwagen – na ja, wie das so geht. Es ist lange her. Manchmal denkt man, wie bei dem Werner: Wer weiß, was ihm erspart geblieben ist! Wenn er am Leben geblieben wäre, aber für immer verkrüppelt, im Rollstuhl, vielleicht sogar nicht mehr ganz richtig im Kopf, da ist es doch besser so! Niemand weiß ja, was das Leben noch alles bringt – vielleicht kommt wieder ein Krieg, wer will's wissen?, und dann würde er mit hinaus gemußt haben, genau wie meine Brüder damals, und was da alles passieren kann, am besten denkt man gar nicht drüber nach! Oder eine Wirtschaftskrise, könnte doch sein, nicht wahr? Und all diese Erfindungen heutzutage, Abhörgeräte und künstlich erzeugtes Leben und solche Sachen, das ist einem manchmal richtig unheimlich, wie das nur weitergehen soll . . .

Das ist ein Versuch, der für viele ähnliche steht, sich selbst und andere Menschen zu trösten, zu beschwichtigen. Aber ist es ein gelungener Versuch? Zum Teil, meine ich, wohl doch, in der Tat. Denn jeder von uns weiß, daß das Leben kein Zuckerstangenschlecken ist und kein Kleinkinderspiel, und alle haben wir manchmal Angst vor einer so gänzlich unbekannten und undurchsichtigen Zukunft. Ganz bestimmt aber appelliert man fast immer mit Erfolg an unseren offenbar eingeborenen Pessimismus. Ich nehme mich gerade hier in gar keiner Weise aus, im Gegenteil, ich stimme den Schwarzmalern und zeitweiligen Lebensverneinern unwillkürlich zu, vor allem, wenn sie es geschickt und mit ein bißchen Geist betreiben, den Teufel an die

Wand zu malen. Gruselt es einen nicht irgendwie so wohlig dabei? Gewiß doch, ich habe das ganz gern und ich tue meinerseits eifrig mit, das Leben anzuschwärzen und mir selbst und anderen die Zukunft zu verleiden.

Im Handumdrehen bin ich dabei, emsig mitzuargumentieren und zusammenzutragen, wenn auch vielleicht nur still für mich allein, auf eigene Faust und auf meine Weise natürlich, was denen alles erspart geblieben ist, die da so unversehens sterben mußten. Jetzt waren sie noch jung, und alles an ihrem Leben war Anfang, sah vielversprechend aus und voller Verlockung, weiterzumachen, weiterzugehen – aber was wäre am Ende wirklich draus geworden? Eine langweilige Ehe vermutlich, wenn nicht gar eine schlechte, Mißerfolge im Beruf, begrabene Hoffnungen, Wünsche und Träume, unwillkommene Kinder, oder wenn nicht dies, so doch vielleicht verkrüppelte, ungeratene oder widerwärtige, viel Ärger, wenig Gewinn, Freude nur in kleinen Mengen und auch sie niemals ungetrübt. Mit der Liebe kommt man nicht durch, und den Haß wird man niemals besiegen, immer leidet man im Bewußtsein dessen, daß die Menschen unbelehrbar sind, gleichgültig, gemein oder gar grausam, sie werden sich nicht ändern, nie und nimmermehr. Was also soll's?

Und wenn ich so weit bin, dann tue ich mir schon selber leid, ich schaue trübselig vor mich hin, finde alles unabänderlich grau in grau und nochmal grau – wen die Götter lieben – die Al ten haben das ganz klug erkannt und ausgesprochen –, den lassen sie früh sterben.

Wirklich? Irgendwo in solchen tieftraurigen Gedankengängen und -geleisen halte ich inne, stutze, schaue mir sozusagen selbst über die Schulter und finde mich nun auf einmal keineswegs bedauernswert, sondern einfach komisch und dann, wenn ich noch ein bißchen näher nachgucke, auch recht unchristlich, vernunftlos, primitiv und durchaus scheltenswert.

Ich habe mich treiben lassen, ohne daß es mir bewußt war und ohne daß ich's wollte, von anderer Leute Gerede, von meiner eigenen auf Passivität und Pessimismus gestimmten Seelenverfassung, und ich habe nicht einmal versucht, geschweige denn es ernsthaft in Angriff genommen, irgend etwas dagegen zu unternehmen, in die Wege zu leiten oder mich mit Hilfe meines Verstandes am eigenen Schopf aus dem Sumpf solcher tristen Meditation herauszuziehen.

Wäre das Leben wirklich so wenig lebens- und liebenswert, wir hätten es alle, da bin ich ganz sicher, längst von uns geworfen, aufgegeben und für abgetan erklärt. Sterben wäre uns dann in jedem, wirklich in jedwedem Falle sinnvoller vorgekommen als etwa heiraten, arbeiten, Kinder kriegen, Feste feiern oder Bücher schreiben. Statt dessen aber leben wir doch, meistens keineswegs ungern, höchstens manchmal nicht allzu bewußt, sondern gleichmütig, gelangweilt, abgestumpft. Und ist das nicht höchst inkonsequent, wenn man es einmal angesichts des Todes, des Todes zu einem uns unbekannten Zeitpunkt, unter die Lupe nimmt und genau betrachtet?

Entweder ist Sterben allemal besser und eigentlich das einzig Gescheite, denn wir wissen ja offenbar, was uns damit alles erspart bleiben wird – warum tun wir's dann nicht? Warum rufen wir den Arzt, schlucken Medikamente, fahren zur Kur und versuchen unserer Gesundheit zu leben, beispielsweise? Oder aber ist Leben besser, in jedem Falle besser, weil es sich nämlich doch irgendwo lohnt, weil ein Auftrag drinsteckt, eine Aufgabe, wahrscheinlich sogar viele und schöne und wichtige Aufgaben – warum leben wir dann nicht viel bewußter, dankbarer, angespannter, angeregter und fröhlicher? Das frage ich mich, aber ich frage es auch Sie, die Sie so freundlich waren, bis hierher mitzulesen und mitzudenken.

Aber auch am Ende dieses Kapitels kann und will ich noch keine Antwort geben, ich will Sie freilich nicht einfach vertrösten und zu guter Letzt Ihnen dann doch jedwede Auskunft verweigern – Sie könnten jedoch womöglich von sich aus schon einmal überlegen, was Sie denn antworten würden, wenn Sie an meiner Stelle wären. Wie wär's denn damit? Nun – also bitte!

Inzwischen bringe ich noch eine andere Frage aufs Tapet, eine neue Frage zum Thema.

Was hat der Mensch
von all dem Mühen und Streben,
womit er sich abmüht
unter der Sonne?
Sein Leben lang hat er nur
Schmerzen und Verdruß,
und auch bei Nacht
hat sein Herz keine Ruhe.

Prediger 2, 22. 23

Nach einem arbeitsreichen und erfüllten Leben

Ehe wir nämlich solcherat zu antworten, zu deuten und uns durch Schwarzseherei und Lebensverneinung selber zu trösten versuchten, haben wir spontan, fernab und vor aller Reflexion etwas ganz anderes gesagt, und zwar samt und sonders: Wie schrecklich! Nein, wie furchtbar ist so etwas! Solch ein junger Mensch . . .

Und da wüßte ich nun gern: Warum ist das eigentlich so furchtbar? Ich meine: Warum ist es, für unser aller Gefühl, furchtbarer, wenn ein Siebenundzwanzigjähriger stirbt, als wenn's eine Fünfundfünfzigjährige gewesen wäre? Ist es für den Betroffenen wirklich schlimmer, und wenn ja, weswegen denn wohl? Oder täuscht uns, den Überlebenden, der Schrecken da etwas vor, und unser Verstand überprüft nicht mehr, warum wir mit einem so heftigen Mitgefühl und allgemeinen Entsetzen reagieren? Noch einmal also: Warum?

Die Antwort scheint einfach zu sein. Es ist das Unerfüllte, Unabgeschlossene, das wir als tragisch empfinden und das uns unwillkürlich ans Herz greift: Der hat doch noch gar nichts vom Leben gehabt!

Und da nun hakte ich mit meinen Gedanken fest: Stimmt das? Ist das richtig? Ist ein Leben nur erfüllt und hat man's nur genossen und ausgekostet, wenn es ein bestimmtes Alter erreicht hat – aber welches Alter? Oder ist es gar nicht eine Frage der Jahre und Jahrzehnte, sondern müßte man dieses oder jenes auf alle Fälle mitbekommen haben, notwendig und unabdingbar? Doch auch dann wieder wäre doch zu fragen: Was wäre denn so wichtig, daß man nur dann etwas vom Leben gehabt hätte, wenn einem dies gewährt worden wäre?

Fragen, nichts als Fragen, und keine einzige von ihnen läßt sich allgemein und für jedermann gültig beantworten, denn schließlich ist jedes Leben anders, an körperlicher und geistiger Mitgift, auch nach Umwelt, Erziehung und Entscheidungen, von Wünschen, Sehnsüchten und Träumen überhaupt nicht zu reden. Da bleibt einem nur, das eigene Leben zu betrachten, das anderer Leute mit einzubeziehen, aus der Beobachtung zum Nachdenken zu kommen und durch Nachdenken vielleicht zu einem Resultat, einem durchaus persönlichen freilich, vielleicht einem allzu privaten, mag sein. Aber wenn Sie sich nun fragen, wie ich mich frage – Sie werden ja sehen, wohin uns das führt, wohin wir damit geraten!

Wann also, versuchen wir es so, hat ein Mensch von seinem Leben wirklich etwas gehabt? Was gehört dazu, was könnte fehlen? Da fängt's schon an mit den Schwierigkeiten, denn ich kann wieder einmal nur von mir selber reden, was mir wichtig wäre, was ich ungern entbehrt haben würde – und bei Ihnen ist es womöglich eben ganz anders. Denken Sie trotzdem mit, auf Ihre Weise und an Ihrem Beispiel?

Während ich nämlich damit beginne, zusammenzutragen, was mir wichtig war oder ge-

wesen wäre – etwas zu lernen etwa und Einsichten zu gewinnen, viele Gespräche, die
einem das Wesen und die Eigenart anderer
Menschen verständlich und durchsichtig machen, zudem Zuneigung, Liebe, Zärtlichkeit,
aber dann auch wieder Aufgaben, große,
schwierige, immer noch schwierigere, locken-
dere –, wird mir deutlich, daß man's viel einfacher sich selbst und anderen Leuten erklären
könnte. So nämlich:

Wann, zu welchen Zeiten meines Lebens,
wäre ich ausgesprochen ungern gegangen,
wann hätte oder habe ich mir tatsächlich ge-
wünscht, noch das und das und das wenn irgend möglich mitbekommen zu dürfen? Diese
Frage, denke ich mir, wird, wenn ich sie ehrlich
beantworten werde, sicherlich auch noch darüber hinaus von Interesse sein, wird mir vielleicht manches an mir selbst erklären und erhel-
len, was mir bisher unverständlich und dunkel
war.

Denn nun, das merke ich, kann ich ganz rasch,
fast unbesonnen Antwort geben, ich weiß das
doch so genau, ich erinnere mich sofort und
sehe es bunt und lebendig wieder vor mir: Das
war kurz vor meiner Hochzeit, ich war eine
junge Studentin damals, ich hatte zum ersten
Male begriffen, was das heißt, lesen, lernen,
verstehen, in große Gedankengänge eindringen
zu dürfen. Ich war gepackt davon und durchein-
andergewirbelt, ich war unbeschreiblich gierig
auf noch mehr Wissen, Kenntnisse, auf ein
tieferes und gründlicheres Begreifen von Zu-

sammenhängen, Wurzeln und Folgerungen, ich war unersättlich, ich wollte daraus nicht weggeholt werden, um keinen Preis. Und, das war das zweite, das hinzukam, ich wollte noch ein wenig erleben und erspüren, was das ist: liebhaben und geliebt zu werden. Davon hatte ich vorher kaum etwas gekannt, das wollte ich noch nachholen, genießen, auskosten und meinerseits davon abgeben. Damals wollte ich leben, unbedingt leben und auf alle Fälle, wenigstens noch ein paar Wochen oder Monate, dann – ja, dann wäre ich wohl gegangen. Dann, so hätte ich's wohl nicht gedacht oder gesagt, aber doch empfunden: dann hätte ich was vom Leben gehabt.

Übrigens war das nicht der einzige Zeitpunkt. Kurz vor meinem ersten theologischen Examen, auch daran kann ich mich gut entsinnen, wollte ich auch – ja, was denn eigentlich? Ich wollte »das hinter mich gebracht haben«. Wie seltsam, denke ich heute, eine Prüfung – warum? Was liegt daran? Ist sie ein so wichtiges Ereignis, ein so einschneidendes Erlebnis? Offenbar doch, und wäre es nur, weil sie eine Art Abschluß war und weil man sich da noch einmal bewähren mußte.

Auch später habe ich Ähnliches hin und wieder ersehnt und erlebt, wiewohl in kleinerem Maßstab und Rahmen. So wollte ich schrecklich gern nach all dem Kriegs- und Nachkriegselend und den überaus kargen Jahren des Studiums an der Universität einmal zu hübschen Kleidern kommen und Schuhen, Handtaschen und

Seidentüchern, vielleicht sogar – Übermut unserer Wünsche von einst! – Ohrklips oder ein Armband passend zu alledem. Und eine eigene Wohnung, nicht nur eine kümmerlich möblierte Stube, und Bücher, und ein Fahrrad; ein Kühlschrank jedoch, ein Fernsehgerät oder eine richtige Urlaubsreise tauchten nicht einmal am äußersten Rande unserer Träume auf. Immerhin: wir wollten gar so gern was vom Leben haben, ein bißchen Wohlstand, ein bißchen Komfort, ein bißchen Erleichterung und Sorglosigkeit. Und müßten wir's, so sagten wir einander, nach ein paar Jahren alles wieder abgeben, nun, so hätten wir's doch immerhin eine Weile genossen und uns daran gefreut.

Und sicher gehört auch dies noch zum erfüllten Leben: daß es reich an Arbeit war und an Pflichten und daß es für beides Gelingen gab und ein wenig Erfolg, Lob, Geld oder Vorwärtskommen. Ich nenne den Erfolg und die Anerkennung nicht zufällig und nicht nur nebenbei, im Gegenteil. Denn an manchem Sarg habe ich plötzlich denken müssen, wie wenig der Verstorbene gerade davon gehabt hat und wie heftig er es entbehrt haben mag hin und wieder, und wir hätten's ihm geben können und zeigen. Statt dessen legen wir prachtvolle Kränze aufs Grab und sprechen gutgemeinte Worte an der offenen Grube, als letzte Ehre und als letzten Gruß, wie wir's bezeichnen, die den Toten selbst ganz gewiß nicht mehr freuen werden.

Doch will ich all jene Sitten gewiß nicht

schelten, wie dürfte ich das auch! Ich weiß recht gut, wie häufig hinterbliebene Angehörige und Freunde, zu ihrem eigenen unvermuteten Erstaunen oft, diese Abschiedsstunde in der Kirche und auf dem Friedhof als einen Abschluß und als Abrundung eines arbeitsreichen und erfüllten Lebens verstanden haben: So viele Anerkennung nun am Ende, wer hätte das gedacht! Und all die Menschen, die ihn doch geliebt und geschätzt haben müssen! Schließlich die Blumen, Kränze und Gebinde, das überwältigt einen einfach . . .

Zuzeiten also, wenn ich dies nun zusammenfassen und -binden darf, auch wenn's noch immer keine Antwort ist, hatte ich, hat wahrscheinlich jedermann das Gefühl einer wenigstens teilweisen, angedeuteten Erfüllung des Lebens. Ist dieser Augenblick überschritten, ist dieser Zeitpunkt vorüber, so ist bereits wieder alles offen, auf neue Aufgaben ausgerichtet, von neuen Wünschen bestimmt – und das ganz unabhängig vom Alter.

Drum möchte ich Ihnen nun gern, als Einschub sozusagen, etwas erzählen, fast ohne jeden Kommentar. Sie werden sich, dessen bin ich sicher, schon Ihren Vers drauf machen.

Was irgend meine Augen begehrten,
das entzog ich ihnen nicht,
und keine Freude versagte ich
meinem Herzen;
denn mein Herz hatte Freude
von all meiner Mühe,
und das wurde mein Lohn.

Prediger 2, 10

Drei Geschichten von alten Menschen

Da gab's in unserem Kirchspiel einen Hundertjährigen. Haben Sie je einen Hundertjährigen gekannt? Nein? Das ist schade, denn Sie würden ihn nie vergessen, er fiele Ihnen auch immer wieder ein, wenn Sie darüber nachzudenken begännen, wann denn ein Leben erfüllt sei und abgerundet und wann nicht. Sie würden, wie ich, bestimmt an dieser Stelle gern von ihm erzählen, so aber sind Sie angewiesen auf meinen Bericht:

Vielleicht, ich halte das durchaus für möglich, hätten wir alle von dem Manne gar nicht so viel Wesens gemacht, wenn er nicht so uralt geworden wäre. So aber hatten wir erst seinen neunzigsten Geburtstag miterlebt und mitgefeiert, den fünfundneunzigsten dann auch – und wie hat er das genossen und wir anderen außerdem! –, danach aber wünschte der Jubilar und wünschten mit ihm und für ihn alle, die ihn kannten, er möge das runde und seltene volle Jahrhundert noch erreichen und diesen Tag richtig genießen können. Dann, darin war man sich allenthalben einig, hätte er so richtig etwas vom Leben gehabt – etwas, das nicht jeder haben würde. Und er erlebte diesen hundertsten Geburtstag, den langersehnten, und was war das für ein Fest für ihn, für das Dorf, die Nachbardörfer, den ganzen Kreis! Wer immer Rang und Namen hatte, dazu die Presse, mengenweise Fotografen, der Landrat, der Pastor, kurzum jedermann war da, gratulierte und nahm warmen Anteil. Es gab Reden, einen Empfang mit den Honoratioren, die Jungen und Mädchen des Dorfes machten einen Fackelzug, und das ganze große Ereignis wurde sogar gefilmt, man denke! Und der, dem dies alles galt, war ein einfacher Mann gewesen, für ihn war das etwas Besonderes, Einmaliges, Auszeichnendes, etwas, das Gott nicht jedem gewährte.

Als er starb, knapp vor seinem hundertundersten Geburtstag, da gab's nur eine Stimme, eine Meinung: Dieser Mann hat sein Leben gelebt, er hat etwas davon gehabt, sogar noch diesen einzigartigen Tag am Ende – darüber hinaus war nichts denkbar, keine Steigerung, keine Überhöhung, denn selbst der hundertundzweite oder hundertunddritte Geburtstag wäre allenfalls eine Rarität gewesen, kein Mehr an Erfüllung.

Auch mein Großvater, von dem ich nun erzählen will, wollte alt werden, sehr alt, nicht unbedingt hundert Jahre, darauf wollte er nicht bestehen, doch neunzig hatte er sich vorgenommen. Ich liebte ihn sehr, diesen Großvater, saß gern auf einem plüschbezogenen Fußschemel neben seinem mächtigen Lehnstuhl und lauschte neugierig und ergriffen, wenn er mir erklärte, wie man das erreichen könnte, so uralt zu werden. Nicht rauchen, natürlich, nur sonntags nach der Kirche einen Stumpen, ein Mehr war von Schaden – ich nickte verständig. Auch Alkohol war hinderlich, wenn man das Ziel erreichen wollte, so trank er weder Bier noch Wein, statt dessen ging er viel spazieren, werkte im Haus und arbeitete in jeder freien Stunde in seinem Schrebergarten an frischer Luft und bei einfacher, aber schmackhafter Kost. Er stand früh auf und ging beizeiten zu Bett, weil solches besser wäre als Lesen bei Lampenlicht und dergleichen Schnickschnack mehr. Ich sah es ein, war aber nicht ohne weiteres bereit, dies alles auch meinerseits zu üben respektive zu unterlassen, ich war kein asketisches Kind, aber alt werden wollte ich natürlich auch, weil Großvater es als lockend beschrieb und weil ein Ziel, dessen Erreichung man sich so viel kosten lassen mußte, doch ganz bestimmt etwas Großes und Erstrebenswertes war.

Großvater wurde sehr alt. Der Krieg trennte ihn von seinen Kindern und Enkeln, auch ich habe ihn nie mehr gesehen. Er schrieb mir oft, besonders nach dem Tode seiner Frau, der ihn sehr einsam zurückließ. Seine Schrift war korrekt, aufrecht und lesbar wie immer, und er klagte nie. Aber ich spürte es zwischen den Zeilen heraus: er verstand die Welt nicht mehr. Seine Freunde von einst waren tot, die Familie verstreut, seine pedantisch-ordentliche Wohnung quoll von Untermietern über, denen der alte Mann eine Last war. Der Hunger, die Enge, der Lärm quälten ihn sehr. Da schied er still aus dem Leben, fast unbemerkt, beinahe neunzig Jahre alt.

Er hatte sich, so empfinde ich es bis heute, gleichsam selbst überlebt, sein Leben war lange zuvor schon erfüllt und abgerundet gewesen, aber da war es noch längst nicht zu Ende. Das einst so ersehnte und unter Opfern angestrebte Altwerden war nun zwar erreicht, aber es war zu einer unerträglichen Last geworden. Ein unerfülltes Leben, oder doch ein erfülltes? Ich weiß es nicht.

Mein zweiter Großvater, im Unterschied zu jenem von mir als Opa bezeichnet, war gänzlich anderer Art; heute würden wir ihn wohl als Managertyp bezeichnen: ein überaus tüchtiger und erfolgreicher Kaufmann, geachtet, geschätzt, wohlhabend und getrieben von einem fanatischen, fast verbissenen Fleiß. Selten gönnte er sich eine Mußestunde, meist war er beschäftigt, überlastet, voller Pläne. Auch er sprach vom Alter, auch er hatte sich ein Ziel gesetzt. Vor der Zeit, so war es gedacht und geplant, wollte er sich zur Ruhe setzen, die Firma blühte und brauchte ihn nicht mehr so dringend wie bisher, und nun wollte er die Früchte seines arbeitsreichen Lebens ernten und genießen.

Alles ging denn auch nach Wunsch, sogar Geld war in genügender Menge da, um den ersehntesten aller Pläne sogleich zu verwirklichen: eine Reise um die ganze Welt, von der er noch fast gar nichts kannte und die er nun, auf höchst komfortable Weise und wohlabgeschirmt gegen äußere Unbilden, für sich entdecken wollte. Er kam bis zur Insel Madeira – zu seiner Zeit, lange vor dem Krieg, war das ein ungewöhnliches Ziel und eine weite Fahrt –, dort wurde er krank, schwer krank, wie sich alsbald zeigte, er mußte zurück, mußte ins

Krankenhaus, zur Kur, in ein Sanatorium, wieder ins Krankenhaus – kurz darauf war er tot.

Ein arbeitsreiches Leben? Ganz bestimmt! Auch ein erfülltes? Nur er selbst könnte die Antwort geben, ich für mein Teil wage nicht, über Erfülltheit oder Unerfülltheit hier ein Urteil zu sprechen.

Nur so viel weiß ich, das habe ich damals begriffen, als seine Todesnachricht bei uns eintraf: Das Leben spielt sich immer heute ab, und heute muß man es auskosten, nützen und genießen, nicht morgen oder übermorgen.

Ist das schon eine Antwort, ein Fazit meines Nachdenkens und meiner Beobachtungen? Teilweise, vielleicht, ja – doch möchte ich's zunächst noch mit einer anderen, einer neuen Frage versuchen.

Barmherzig und freundlich ist der Herr,
geduldig und von großer Güte.
Er geht nicht mit uns um,
wie wir es verdient hätten.
und lohnt uns nicht,
wie es unserer Schuld entspräche.
Denn so hoch der Himmel
über der Erde ist,
so mächtig leuchtet seine Freundlichkeit
über die, die zu ihm gehören.
Denn er weiß,
was für Geschöpfe wir sind,
Er denkt daran, daß wir nur Staub sind.

aus Psalm 103

... als wäre es der letzte

Auf der Suche nach einer Maxime, einem Grund- und Leitsatz für das Leben angesichts des Todes, fiel mir ein Spruch ein, den mir irgendwer einst mitgab auf den Weg in die Welt: Lebe jeden Tag so, als wäre es der letzte!

Diesen Satz nun fand ich damals überaus bedeutend, und er beeindruckte mich tief, wie es einem ja leicht mit derlei fixfertigen Sprüchen und gestanzten Lebensweisheiten ergeht, solange man sie nicht genauer betrachtet und kritisch überprüft. Ich stellte mir also vor, ich hätte dann stets mein Haus bestellt und meine Angelegenheiten geordnet, ich unterschiede mühelos das Unwesentliche vom Wesentlichen und hielte mich natürlich immer nur mit dem letzteren auf, selbstredend würde ich mit niemandem in Streit leben, sondern statt dessen immer in schönster und liebevollster Übereinstimmung mit jedermann, so daß ich gefaßt und mit Anstand und Würde aus dieser Welt scheiden könnte, wann immer man mich auch abberiefe.

Sagen Sie nur, Sie hätten solcherlei hochfliegende Vorsätze in jungen Jahren nicht gehabt und hätten auch nicht, wie ich, ernstlich und überzeugt an ihre Richtigkeit und Durchführbarkeit geglaubt! Jedes Poesiealbum wimmelt von großtönenden Grundsätzen und gereimten Gescheitheiten, die offenbar niemand auf ihre Lebensbrauchbarkeit je untersucht hat.

Nehmen wir also diesen einmal vor und betrachten wir ihn daraufhin, ob man danach seine Tage einrichten und auch auf die Länge damit durchkommen kann. Die Länge hat ja, wie der Volksmund sagt, die Last, und was für den letzten Tag passend und richtig wäre, muß es noch lange nicht gleichermaßen für den vorletzten und vorvorletzten sein und für die Wochen, Monate, Jahre oder Jahrzehnte bis dorthin.

Stellen wir uns also zunächst einmal vor – mit reichlich Phantasie und viel Freude am Denken sollten wir das wohl zuwege bringen –, wir, Sie oder ich, hätten nur noch vierundzwanzig Stunden zu leben vor uns, dann wäre alles zu Ende, unwiderruflich vorüber und vorbei. Setzen wir weiter den Fall, wir wären in diesen verbleibenden Stunden weder siech noch bewußtlos, es handelte sich vielmehr um einen normalen Alltag, wie wir ihn immerfort bestehen müssen. Auch sonst, das lege ich gewissermaßen als Spielregel und weitere Bedingung fest, wäre alles wie an jedwedem anderen Tag, wie heute, wie jetzt eben, Sie hätten nicht mehr und nicht weniger Geld oder Kräfte oder Pflichten als sonst auch, nun also – was täten Sie?

Eine Einschaltung mögen Sie mir noch gestatten, damit ich Ihnen schnell einen kleinen Hinweis gebe: Nicht jeder ist's gewohnt und ist darin geübt, für sich alleine etwas durchzudenken, ohne abzuschweifen oder daran zu ermüden. Versuchen Sie es dann doch besser, dieses so ernsthafte Spiel mit irgend jemandem gemeinsam durchzuspielen, mit Ihrem Mann, Ihrer Frau, mit einem oder zwei guten Freunden, mit Menschen, die Ihnen nahestehen, die Sie liebhaben und mit denen Sie schon lange gern mal wieder etwas Vernünftiges und Förderliches reden wollten, etwas, das alle beschäftigt, bewegt, zur Anteilnahme zwingt, zu dem jeder etwas beizutragen vermag und bei dem man sich überdies erstaunlich gut kennenlernen, sogar überraschende und unbekannte Seiten aneinander entdecken wird! Mit gleichgültigen Leuten geht es freilich ganz gewiß vollständig daneben, insofern ist das Thema fast ein Test – es lohnt sich also in jedem Belang. Ich habe da neulich etwas gelesen, so könnten Sie beginnen . . . Nun also – was täten Sie?

Viele, das weiß ich, werden antworten, das sei gar keine Frage, die des Bedenkens wert wäre, man müsse das erledigen, was zu erledigen vorliegt, die Kinder versorgen, der Familie das Essen kochen, danach das Geschirr wegspülen, die Küche aufräumen, die Schularbeiten der Größeren nachsehen, eine halbe Stunde bügeln . . . Moment mal: Täten Sie das wirklich? Ich zum Beispiel, das weiß ich sicher, ließe den Abwasch ausnahmsweise mal stehen, und es wäre mir egal, wie die Nachwelt mit ihm zu Rande kommt, da sie es ja nun hinfort sowieso ohne mich wird schaffen müssen. Auch bügeln würde ich nicht unbedingt, das glaube ich mit Sicherheit sagen zu können.

Aber ich kann ja gleich, um sowohl konkret als auch ehrlich zu bleiben, von meinem eigenen Leben reden. Wie würde ich's halten mit diesem Buch, das ich dann nicht mehr zu Ende schreiben könnte? Ich ließe es liegen, unvollendet und wie es jetzt vor mir liegt, ich schöbe es beiseite und kümmerte mich nicht mehr darum. Anders freilich läge die Sache, wenn ich beim letzten Kapitel oder beim vorletzten angelangt wäre. Dann, das ist überhaupt keine Frage, schriebe ich's fertig, weil es mir wichtig ist, ich schriebe es fertig um jeden Preis, auch wenn mir der ganze Lebensrest darüber draufgehen würde.

Auch predigen würde ich, wäre morgen mein letzter Tag, ganz gewiß noch; die Küche aber ließe ich schmutzig, und die Haare würde ich mir auch nicht mehr waschen. Angesichts des nahen und des sicheren Todes wüßte man genau, was wichtig ist und was nicht, allerdings: nur dann. Angesichts des fernen und ungewissen Todestages sieht alles ganz anders aus. Da muß ich nämlich, ich mag wollen oder nicht, beides unter einen Hut bekommen, das Bücherschreiben und das Geschirrspülen, die Predigt am Sonntag und das Haarewaschen, und nicht nur dies, sondern sehr viel mehr – aber wem sage ich das! Mir fallen sofort wahre Berge von Arbeiten ein (Ihnen etwa nicht?), die zu erledigen wären, sie fallen mir nicht nur ein, sie stürzen förmlich über mir zusammen und drohen, mich unter sich zu begraben: dienstliche Telefonate und private Briefe, Abrechnungen, Krankenbesuche und Flickarbeiten, Bücher, die ich lesen möchte und müßte, neue Pläne für den

Beruf, für Haushalt und Garten, für meines Mannes Urlaubsreise; Manuskripte liegen hier, die überarbeitet werden sollen, Vorträge, Tagungen stehen auf dem Programm, und meine eigenen Wünsche schieben sich manchmal quer davor und durchkreuzen dieses oder leiden an jenem. Hätte ich nur noch einen Tag und eine Nacht zu leben, das wäre leicht zu regeln, zu entscheiden, zu sortieren – so aber muß ich mich hindurchwinden, muß improvisieren, muß mich selbst oder andere Leute vertrösten, muß eine Sache zugunsten einer anderen liegenlassen, die nicht minder wichtig gewesen wäre, ich bin mitten im Leben und wäre höchst unvorbereitet, wenn ich auf einmal fortgeholt würde aus alledem. Trotzdem: Muß ich nicht so leben, kann ich, darf ich es anders machen?

Wäre dieser Tag der letzte, ja, dann und wenn ich das sicher wüßte! Aber er ist es vermutlich nicht, also muß ich ihn anders leben, schwieriger, verworrener, undurchsichtiger einerseits, vielleicht aber auch – als die andere Folge davon, daß ich mir vermeintlich noch so viel Zeit lassen kann – unbewußter, gleichgültiger, sinnloser sogar?

Als Maxime für das Leben angesichts des Todes taugt die Weisheit jenes oder jener Unbekannten also so gut wie gar nichts. Als Frage aber (kommen wir vom Fragen denn niemals los – und niemals zu einer Antwort?) lockt sie mich noch immer. Und sie lockte offenbar auch andere Leute zum Nachdenken, Weiterdenken,

Selberdenken, Leute, die ich gefragt und mit denen ich darüber gesprochen habe: Was täten Sie, wenn . . .?

Gib mir die Weisheit,
die nirgends zu finden ist
als bei dir allein,
und schließe mich nicht
aus dem Kreise deiner Kinder aus.
Denn ich bin ein schwacher Mensch,
dessen Leben rasch vorübergeht,
und ich weiß nicht genug
über den rechten Weg
und die richtige Ordnung
meines Lebens.
Und wenn auch jemand
unter den Menschenkindern
vollkommen wäre,
so wäre er für nichts zu achten,
wenn ihm die Weisheit fehlte,
die aus dir entspringt.

aus Weisheit 9

Vor allen Dingen – eine gute Versicherung

Die Antworten waren verschieden, versteht sich, aber so verschieden auch wieder nicht, wie man zunächst vermuten möchte. Vielleicht jedoch, so werden Sie einzuwenden versuchen, hat mancher Befragte glattweg gelogen, mindestens milde geschwindelt, womöglich auch eine Antwort gegeben, von der er annahm, die Fragende würde sie gerne hören – eine fromme Antwort also der Vikarin zuliebe? Man muß damit rechnen, gewiß, ich hatte es von Anfang an eingeplant, bat allerdings eben deshalb mein jeweiliges Gesprächsgegenüber darum, lieber die Aussage zu verweigern, als mir etwas vorzuflunkern. Hoffen wir also, sie hätten sich alle an diese Abmachung gehalten und ernstlich Herz und Hirn befragt, was sie tun würden, wenn sie am nächsten Tage um die gleiche Stunde sterben müßten.

Wenn ich noch einen Tag und eine Nacht zu leben hätte, nicht weniger und nicht mehr? Was ich anfinge mit dieser Frist? Aber das kann ich Ihnen aus dem Stegreif sagen, da braucht's kein langes Kopfzerbrechen... Die so begannen, wollten allesamt einfach das tun, was sie ohnehin getan hätten, sie wollten es teils aus Pflichtgefühl, teils aus Phantasielosigkeit, weil ihnen nichts anderes einfiel, der Rest hing an seiner Arbeit und seinen Aufgaben so sehr, daß er sie auch für diese letzte Spanne Leben nicht aus der Hand legen mochte. Nun gut, ich nahm's zur Kenntnis.

Dann aber, nach kurzem Schweigen, Nachdenken, Aufblicken, kam fast stets eine Ein-
schränkung, eine Korrektur oder Ergänzung
des vorher vorgebrachten Gedankens: Also –
wenn ich es mir recht überlege, dann stimmt
das vielleicht doch nicht so ganz. Man müßte
mancherlei regeln, ordnen, in die Wege leiten
so angesichts des Todes, hernach wäre es ja zu
spät, und bisher habe ich's nie getan, nicht einmal dran gedacht, wenigstens nicht so genau, so
praktisch, so handgreiflich und so dringlich.
Warum eigentlich nicht? Wenn ich das wüßte!
Wohl bloß so – wie oft im Leben. Aber
schließlich kann man nicht einfach alles stehen
und liegen lassen ... Was soll denn aus meiner
Familie werden, aus meinem Betrieb? Und
überhaupt ...

Eben! Das mußte doch eigentlich kommen,
und es kam denn auch fast immer. Der eine
hatte kein Testament gemacht, dem andern
fiel's schwer auf die Seele, daß er seiner Frau
nie etwas gesagt oder erklärt hatte über ihren
Anspruch auf seine Pension, über Versicherun-
gen, Geldanlagen, vielleicht auch über Schul-
den, Verpflichtungen irgendwelcher Art, hundert Dinge waren nie besprochen worden,
weil's ja so eilig nicht war. Auch mich selber
habe ich bei solchem Versäumnis ertappt, zusammen mit meinem Mann, mit dem ich mich
besprach über alles, was dieses Thema anbetraf,
versteht sich: Wir hatten, das wurde uns nun
erst klar, zwar ein Testament auf Gegenseitig-
keit gemacht, rechtsgültig, ordentlich und unan-

fechtbar, hatten aber keinerlei Hinweis hinterlassen oder Vorkehrungen getroffen, was denn mit unserem, eines kinderlosen Ehepaares!, persönlichen Krimskrams, Hausrat, Honoraren und Bankguthaben geschehen soll, falls wir etwa gleichzeitig sterben werden – und dergleichen soll ja immerhin auch schon früher vorgekommen sein, nicht erst im Zeitalter des Düsenflugzeugs und der Atombombe!

Ich deute das alles nur an, Sie werden, so stelle ich mir's wenigstens vor, und nur deswegen schreibe ich das alles so umsichtig wie möglich auf, sicherlich schon dabei sein, für sich selber nachzudenken, weiterzudenken und anzuwenden, was ich gesagt habe für mich, für Sie, für jedermann – oder sollte ich mich da in Ihnen täuschen? Macht nichts! Nur: daß ich Ihnen nicht bloß die Unerläßlichkeit einer Lebensversicherung oder ähnlichen Vorsorge einschärfen möchte, so wichtig die auch sein mag, das wissen Sie doch von allein und auch ohne meine weisen Worte, ja?

Viel wichtiger scheint mir zu sein, daß Sie sich auch anderweitig versichern, durch Gespräch, Klärung, Fragen, Antwort und Austausch über alles dies, über alles, was im Falle Ihres Todes wichtig würde und notwendig wäre – für Ihre Kinder, Ihren Mann, Ihre Freunde, Verwandten, Erben, möglicherweise auch für manche Menschen sonst, die Ihnen am Herzen liegen, denen Sie etwas sagen, anvertrauen, auftragen, abbitten, schenken oder weitergeben möchten.

Ich jedenfalls, wenn ich nun wieder privat werden darf, habe gerade jetzt erst begriffen, was ich im Falle meines nahe bevorstehenden Todes gern noch tun würde, aufschreiben, festlegen und erledigen. Und ich habe auch begriffen, daß ich das meiste davon ohne weiteres auch so bedenken oder regeln könnte – und werde. Mein Mann wird mir helfen, und ich werde ihn fragen nach vielem, das ihm wichtig ist, das er mir erklären kann, das ich noch wissen müßte. Wenn er plötzlich stirbt, was soll ich dann tun, was rät er mir, wo hat er Bedenken, wo ermuntert er mich womöglich? Und ich, wenn ich vor ihm stürbe, was würde ich ihm vorher sagen wollen?

Tausend Themen! Vor allen Dingen – sprechen wir uns aus, nehmen wir sie uns vor, nicht nur, weil's wichtig ist angesichts des Todes, sondern auch noch aus einem anderen Grunde: Wir werden uns ganz neu, ganz anders, ganz erstaunlich anders kennenlernen, wenn wir uns so zusammensetzen und so miteinander reden.

Freilich, das stelle ich mir so vor – Sie hingegen wollen vielleicht um keinen Preis der Welt darüber sprechen? Man denkt nicht gern ans Sterben, ich weiß es, wem sagen Sie das! Aber wenn man nicht daran denkt, lebt man dann besser, glücklicher, sinnvoller, bewußter?

Früh am Morgen säe deinen Samen,
und bis zum Abend
laß deine Hand nicht ruhen!
Denn du weißt nicht, was glückt,
ob dies oder jenes,
oder ob beides zugleich gelingt.

Prediger 11, 6

Von Liebe bis Tyrannenmord

Indessen, wenn Sie mir die Hartnäckigkeit meines Fragens und Bohrens verzeihen wollen, so ganz genügt mir das alles immer noch nicht. Es wäre doch denkbar, daß keine Arbeit drängte oder lockte, daß alles längst geregelt worden wäre, was für den Fall eines plötzlichen Todes geregelt werden mußte, daß nur noch diese Vierundzwanzigstundenfrist vor uns läge und zu bestehen bliebe – was fingen wir an mit diesem Tag und dieser Nacht? Wie würden wir sie nützen?

Kein Zweifel, niemand würde sie vergeuden wollen oder vertrödeln, keiner, den ich befragte, hatte beispielsweise Lust, sich blindlings zu besaufen und dann hinüberzutorkeln, keiner auch wollte diese Spanne Zeit einfach verschlafen, um nicht nachdenken zu brauchen oder um der Angst vor dem Sterbenmüssen und dem Totsein auszuweichen. Ganz im Gegenteil! Alle waren erstaunlich darauf bedacht, noch irgend etwas besonders Schönes, besonders Wichtiges, besonders Erstrebenswertes zu erleben oder zu tun, oder sie wünschten sich doch zumindest, noch ein winziges Schnippselchen von Glück, von Abrundung oder Erfüllung dem Leben abzuluchsen.

Sie wollen Beispiele? Gewiß doch, die habe ich parat und zitiere sie gern. Hier ist eine Handvoll zur Auswahl, einige Antworten stehen für viele andere, manche sind originell, verräterisch sind sie beinahe alle, und sie zeigen oft verborgene, kaum bekannte Züge eines Menschen. Aber hören Sie selbst:

Ich würde, sagte eine junge Frau, meinen Mann anflehen, einmal, ein einziges Mal noch, wirklich Zeit für mich zu haben, dann schlösse ich die Tür hinter uns zu, und was wir dann besprächen oder täten, das ginge niemanden etwas an, nur Gott allein, und vor dem wollte ich's wohl vertreten.

Beichten und beten, weiter gar nichts, bekannte einer lakonisch, und wir wollen es dabei bewenden lassen und nicht weiter in ihn dringen.

Ich würde, so eine Junggesellin, fromm, ohne Anhang, aber von vielen Freunden und vielen Fremden herzlich geliebt, für die alle dazusein sie sich bemüht, mein Hab und Gut verschenken und verteilen. Herrlich wäre das, denn ich sähe doch noch mit eigenen Augen, wie sich jeder freute, wenn ich das Richtige für ihn gefunden oder mit ihm ausgesucht hätte, und am Ende behielte jeder eine freundliche Erinnerung an mich. Und dann, ja, dann ginge ich leichten Herzens . . .

Noch vierundzwanzig Stunden? Und dann wäre ich sicher tot? Ich wüßte, was ich täte: ich würde Rache nehmen an denen, die mir mein Leben versaut haben und vermiest durch ihre Bosheit. Sie kennen diese Leute nicht, sonst würden Sie mich sofort verstehen! So was von Gemeinheit und Haß und Habgier! Aber kein Gericht könnte mich mehr belangen, wenn ich denen alles heimzahlen würde, wenn ich ihnen noch so richtig eins auswischte, daß sie an mich denken müßten bis an ihr seliges Ende, ich aber ginge straflos aus. Allerdings, so kurz vor dem Tode ... Wenn danach nun doch einer ist, der Lohn oder Strafe austeilt, der alles gesehen hat und alles weiß? Wenn man wenigstens ganz sicher wäre, daß da keiner ist – aber kann man so sicher sein? Trotzdem, ich täte das gern noch, das kann ich Ihnen versichern!

Ein anderer wieder wollte sich an seinen Schreibtisch setzen und für seine Kinder, seine Freunde, für die Nachwelt überhaupt schriftlich festhalten, was ihm sein Leben lang wichtig gewesen war und worauf er sich verlassen hatte, was er also auch ihnen anraten und mitgeben wollte – seine Weltanschauung, eine Art geistiges und geistliches Testament, doch so ganz war's ihm selber noch nicht klar, wie das wohl lauten würde, und also steht denn zu fürchten, daß vierundzwanzig Stunden viel zu kurz sein würden für die Abfassung eines solchen Vermächtnisses angesichts des Todes.

Und immer wieder wurde der Wunsch nach Liebe laut, fast ausnahmslos bei Frauen, versteht sich, nach ein bißchen Behütetsein und Zärtlichkeit und In-den-Arm-genommen-Werden, manchmal von einem Mann, den sie nicht bekommen hatten oder der ihnen nicht gehörte, manchmal bei einem, der von ihrer Liebe noch gar nichts wußte und wissen konnte und sicher höchst verwundert wäre, wenn man ihm plötzlich damit käme mitten im Arbeitsalltag, nicht selten aber war auch der eigene ehelich angetraute Gemahl derjenige, von dem noch ein paar Liebkosungen erwartet wurden. Gelegentlich klangen solche Wünsche ein bißchen betrübt, als wagte man dergleichen kaum noch zu hoffen von vielbeschäftigten Geldverdienern, überlasteten Familienvätern und wortkargen Ehegefährten. Wenn sie das wüßten, die Geliebten, die Guten, die Gehetzten! Oder wissen sie es längst? Desto besser!

Wahrhaftig, an Einfällen zum Thema fehlte es nirgends. Einmal, davon muß ich unbedingt noch berichten, habe ich mit einer sehr schönen und gescheiten Dame über diese Frage gesprochen, und wir bedachten gemeinsam, ob man denn nicht zu guter Letzt noch ganz was Großes und hoch Bedeutsames tun könne; diese vierundzwanzig Stunden sozusagen in die Waagschale der Weltgeschichte zu werfen und im Räderwerk des Schicksals irgendeinen entscheidenden Hebel zu bewegen, das wäre doch mal was, das wäre wirksam und wichtig. Jedoch, ich gestehe es offen, mir mangelte es dafür zwar nicht an Mut, wohl aber an eben jener Äonen wendenden Erleuchtung, die die Voraussetzung für unser tatkräftiges Opfer gewesen wäre. Der Hunger in der Welt, dies zum Exempel, war nicht so flink zu besiegen, auch der Haß nicht, der Menschen und Völker entzweit, wir waren, hätte es etwas geholfen, bereit zum Tyrannenmord – aber es fehlte uns der Tyrann! Und so mußten wir denn darauf verzichten, unser Leben mit einer zwar ruhmreichen, aber auch frevelhaften Handlung zu beschließen – ein Jammer! Wir rührten gedankenvoll in unsern Kaffeetassen und ließen es beim Einfall bewenden, der so schön gewesen war und doch nicht Wirklichkeit werden würde.

Ich aber hatte ganz vergessen, meinem bezaubernden Gegenüber zu erzählen, was ich mit jenem Tag und jener Nacht anfangen würde, wenn's soweit wäre. Und damit Sie mir nicht unter die Nase reiben können, ich hätte Ihnen mit meiner Frage immer wieder zugesetzt, meine eigene Antwort aber diskret verschwiegen, und das sei denn doch eigentlich etwas unfair, will ich also freiweg bekennen, wie ich's hielte mit jener Frist, wenn es sie gäbe: Ich nähme das Telefon und mein privates Nummernbüchlein, und dann riefe ich der Reihe nach alle Leute an, die ich gern mag oder die mir gut sind, und alle müßten mir noch einmal sagen, daß sie mich liebhaben – dann wäre ich zufrieden, dann hätte ich gehabt, was ich noch haben und hören wollte.

Bedarf es noch irgendeiner Erklärung zu meiner Antwort, zu den anderen Antworten? Sie sprechen für sich selbst, nicht wahr?

Und überdies: es war ja alles graue Theorie, das Leben ist nicht so, und auch der Tod wird anders kommen, alles wird anders sein. Das ist so sicher wie das vielzitierte Amen in der Kirche, das auch bedeutet: So ist's, genau, ich stimme zu.

So danket nun alle Gott,
der große Dinge tut an allen Enden;
der uns von Mutterleib an Gutes tut
und barmherzig mit uns handelt.
Er gebe uns ein fröhliches Herz
und verleihe uns allezeit Frieden
in Israel wie in den Tagen der Vorzeit.
Seine Freundlichkeit bleibe bei uns
und erlöse uns heute
und solange wir leben.

aus Sirach 50

Denn bei allen Lebendigen ist, was man wünscht: Hoffnung

Wir haben also noch Zeit, vermutlich sogar eine ganze Menge davon, und alles war nur ein Spiel, eine Art Planspiel für den Ernstfall und, so hoffe ich, als solches doch nicht ohne Nutzen. Klingt Ihnen das zu gouvernantenhaft? Verzeihung, das wollte ich nicht, wahrhaftig nicht!, ich wollte vielmehr einfach sagen, daß mir diese Probe aufs Exempel zu denken gab, und ich wollte erklären, warum.

Vieles, was wir für die letzten Stunden des Lebens noch wünschen würden, ließe sich ebensowohl, wenn nicht sogar sehr viel besser, vorher erfüllen oder erreichen, wenn wir's uns nur zuvor einmal bewußt gemacht hätten, wenn wir uns einmal aussprächen darüber mit irgendwem, wenn wir's wenigstens für uns allein ins Auge faßten und bedächten. Aber tun wir das? Mitnichten! Was Wunder also, wenn wir nicht nützen, was wir haben – die Zeit und die Hoffnung, aus der Zeit noch herauszuholen, was herauszuholen ist: gelebtes und erfülltes Leben.

Aber Theorie nützt hier weder mir noch Ihnen, erlauben Sie mir also, daß ich wieder an meinem eigenen Beispiel zeige und sage, wie ich's meine, ja? Wenn es mir so wichtig ist, hin und wieder zu hören, daß mich andere Leute mögen, Leute, denen ich meinerseits von Herzen zugetan bin – und wie viele sind das! –, dann ist es doch nicht einzusehen, daß ich warten muß, bis mein letztes Stündlein schlägt, um ihnen das zu sagen und meinerseits das von ihnen zu hören. Warum eigentlich soll ich's nicht aussprechen, was mir so überaus wichtig ist, so notwendig zum Leben: Gelt, ihr habt mich ein bißchen lieb, ihr findet mich nicht ganz übel und auch nicht ganz unnütz, ihr bleibt mir gut, und ihr sagt mir das auch ab und an? Und wenn mir mal ganz scheußlich zumute ist, dergleichen kommt ja vor, auch bei den glücklichsten Leuten, und wenn ich's dann ganz dringend hören müßte und möchte, darf ich in solchem Fall offen und geradezu darum bitten und also eure Sympathiebeweise und Liebeskundgebungen ein bißchen provozieren? Das darf ich tatsächlich? Und ihr versteht es nicht falsch? Aber das ist ja wunderbar, dann ist alles viel leichter, viel erträglicher, viel sorgloser für mich – gleich sieht die Welt ganz anders aus! Und das schon heute, nicht erst in den allerletzten Stunden, ehe ich die Augen für immer zumachen muß!

So einfach könnte das sein, so einfach ist das wahrscheinlich überhaupt, aber keiner von uns traut sich, etwas so Kindliches, so Treuherziges zu erbitten und damit natürlich einiges von sich selber preiszugeben – und für sich selber zu bekommen! Warum bloß nicht? Das möchte ich wohl wissen! Die andern sind doch gar nicht so, ich bin, ich wäre ebenfalls nicht so, wenn man dergleichen von mir verlangte oder erbäte – das weiß ich ganz gewiß.

Und mit den Wünschen, Sehnsüchten, Träu-

men und Erwartungen anderer Leute steht's
womöglich auch nicht so kompliziert wie sie,
wie wir alle meinen. Oder etwa doch? Beten
und beichten, beispielsweise, kann man zu jeder Zeit und Stunde, auch kann man sein Hab
und Gut bereits verteilen, ehe man den Tod
unmittelbar vor Augen hat, und wär's auch
nur vorläufig und teilweise, man mag es wieder ändern, warum auch nicht?, wenn man's
für nötig hält. Auch das schriftliche Vermächt-
nis für die Nachwelt, die Kinder und Kindeskin-
der ließe sich vorher planen, entwerfen, schreiben und fertigstellen; selbst für die großen, die
ganz einmaligen Taten, mit denen man etwa
liebäugelt und für die man sich vielleicht beru-
fen glaubt, könnte man schon hier und heute
etwas zu tun beginnen. Denn höchstwahr-
scheinlich fangen die weltbewegenden Hand-
lungen mit einem Plan an, der auf Hoffnung an-
gelegt ist und auf Zeit, sich also ohnehin nur
Schritt um Schritt verwirklichen läßt und niemals in einer einzigen Stunde. Da wär's wohl
gescheiter, man strengte sich beizeiten dafür
an, als daß man erst wartet, bis man schon dabei ist, das Zeitliche zu segnen. Und eigentlich,
je länger ich's bedenke, desto mehr bin ich
entschlossen, lieber nur ein paar mittelgroße
Aufgaben gut, wenn nicht sogar sehr gut zu erledigen, als mir gewaltige Geistestaten vorzu-
nehmen und schließlich mit meinen geringen
Kräften dran zu scheitern. Doch das ist meine
Meinung, nicht jeder muß sich mit dem Mittle-
ren bescheiden, nur weil ich es tue. Und wer

weiß, vielleicht nehme ich selbst diese Meinung eines Tages · ausdrücklich zurück und stecke meine Ziele nochmal erheblich höher? Solange man lebt, hat man Hoffnung, solange man Hoffnung hat, macht man Pläne, wahrscheinlich bis zur vorletzten Stunde, dann macht man Pläne für die allerletzte.

Was aber die Rache anbetrifft, die einer der von mir Befragten sich für des Daseins letzte Stunde vorgenommen hatte, so bleibt ihm noch Zeit, Gott Lob!, sich's mehrfach zu überlegen. Lohnt es sich wirklich, sein Leben damit zu beschließen, daß man Böses mit Bösem vergilt, Haß mit Haß und Gemeinheit mit Gemeinheit? Das scheint mir, angesichts des Todes, doch eine schäbige Geste, eine menschenunwürdige und unchristliche dazu. Nicht aus Angst vor der ewigen Strafe würde ich's lassen, sondern aus Respekt vor mir selbst. So möchte ich nicht gehen, daß man als allerletztes von mir sagt: Die hat's denen aber nochmal richtig gegeben! Dann doch lieber ein Wort der Versöhnung, wenn einem schon Feindesliebe unmöglich scheint. Die nämlich müßte man geübt haben, und auch damit könnte man jetzt gleich beginnen.

Das sind Gedankensplitter, Einzeleinfälle, Randbemerkungen zum Thema. Die Quintessenz müssen Sie selber suchen und finden, jene nämlich, die für Ihr Leben gilt, das Sie noch vor sich haben. Denn an Ihnen liegt's nun, ob Sie es vergeuden oder nützen. Heute leben wir, morgen hoffen wir, noch etwas tun zu können, schon übermorgen ist ungewiß, also halten wir uns lieber ans Heute – und an die Hoffnung, die bei allen Lebendigen ist. Denn ein lebendiger Hund, sagt der Prediger Salomo, ist besser als ein toter Löwe.

Hören will ich, was der Herr redet.
Redet er nicht von Rettung
zu seinem Volk und zu seinen Frommen?
Ja, es ist Hoffnung für sie!
Ja, seine Hilfe ist nahe denen,
die ihn fürchten,
seine Herrlichkeit wird wohnen
in unserem Lande;
Güte und Treue
werden einander begegnen,
Gerechtigkeit und Friede
einander finden.

aus Psalm 85

Ich habe nur für ihn gelebt

Gibt es denn eigentlich, so fragt man sich allmählich mit einiger Ungeduld, und ich selber
frage es mich natürlich auch, überhaupt keine
Lösung für dieses Leben angesichts des Todes,
kein Beispiel, keinen Fall, den man wenigstens
von ferne als vorbildlich bezeichnen könnte,
wenn schon nicht als vollkommen? Wie sähe
der aus? Was ließe sich ablesen von ihm?

Gewiß, dergleichen ist bekannt und läßt sich
berichten, eine Geschichte mag da für viele,
sehr ähnliche stehen, aber hören Sie selbst:

Seit zwanzig Jahren, so erzählte mir die
Frau, lag der Mann nun gelähmt, seit zwei
Jahrzehnten also hatte sie kaum etwas anderes
gekannt oder getan, als diesen ihren Mann zu
pflegen, zu versorgen, zu ermuntern, ihm
vorzulesen, ihm die ganze Welt und Umwelt
zu ersetzen. Und vorher, ja, wen wundert
das?, war's natürlich auch keine einfache Zeit
gewesen, im Gegenteil harte Jahre, wie sie keinem, der in unserem Jahrhundert lange genug
gelebt hat, erspart geblieben sind. Sie hatte nie
Muße gehabt, über sich selber nachzudenken,
nie Geld gehabt für irgendwelchen bescheide-
nen Luxus, nie Freunde oder auch nur Menschen, mit denen sie öfter und gern einmal zu-
sammengekommen wäre. Denn der kranke
Mann brauchte alle ihre Kraft, ihre Gedanken,
ihren Einsatz, und sie gab sich ganz, ohne Ein-
schränkung, ohne Egoismus, ohne irgendeinen
Vorbehalt. Wahrscheinlich, das halte ich durch-

aus für möglich, tat sie das gar nicht in bewußtem Opfermut, abgesehen von der ersten Zeit, hernach kam Gewöhnung hinzu, erleichternd für sie, erleichternd auch für sein Leiden. Sie hatte nur für ihn gelebt, und sie hatte das gern und ganz getan, das war ihr Lebensinhalt und ihre einzige Aufgabe gewesen. Es stand zu vermuten, wenn's auch nicht mit Sicherheit vorauszusagen war, daß er vor ihr sterben würde, und sie hatte das stets vor Augen gehabt. Bis dahin aber wollte sie ihm sein Leben, seine Krankheit und seine Behinderung so erträglich wie nur möglich machen.

Als ich diese Geschichte zum ersten Male hörte, und immer, wenn ich später andere, ähnliche Fälle beobachtete oder erfuhr, packte mich nackte Panik und lief's mir vor Grauen kalt den Rücken runter: Nie könnte ich das aushalten, nie, nie! Ein so abgeschiedenes, so begrenztes Leben, eine so einseitige Existenz – ich ginge zugrunde, wenn ich das müßte, wenn mir das auferlegt würde! Erst langsam und mit den Jahren begriff ich, daß es zwar schwer war, so zu leben, sehr schwer, manchmal wahrscheinlich nur mit knapper Not zu ertragen und mit dem Wissen, daß Gott nichts auferlegte, was man nicht zu bestehen imstande war, daß aber ein leeres, inhaltloses, sinnloses Leben sehr viel ärger ist.

Diese Frau also, und wie sie viele andere Männer und Frauen, hat bewußt jede Stunde gelebt, genossen und genützt und drangegeben für einen anderen Menschen. Sie hat, wenn ich mich nicht täusche, das Ende nicht gefürchtet, weil sie wußte, daß es für ihn eine Erlösung werden würde, und an sich selber zu denken hatte sie sich längst versagt.

Dann starb der Mann, der Lebensgefährte so vieler Jahre. Und was dann kam für sie, die übrigblieb, war schlimm, war schwer nur auszuhalten und nicht zu verstehen. Da war nun nämlich nichts mehr, gar nichts, keine Aufgabe, kein Lebensinhalt, kein Ziel – alles war zu Ende. Keine Freunde, die sie trösten konnten, keine Arbeit, deren Erfüllung sie hätte verlocken können. Ihr Leben hatte nur einen Sinn gehabt, so hatte sie es verstanden, so hatte er es verstanden und angenommen, nun kam nichts mehr, konnte nichts mehr kommen. Aber auch der Tod war noch nicht in Sicht, das Leben ging vielmehr weiter, aller Sinnlosigkeit zum Trotz, wie das Leben überall und allenthalben weitergeht, es mochte noch lange währen, wer konnte das wissen oder voraussehen? Ein erfülltes Leben? Das war es wahrhaftig, wer könnte es leugnen!

Doch was blieb? Es blieb die große Leere, die Einsamkeit, die Erinnerung. Ihm wenigstens, das sagte sie sich manchmal beschwichtigend und zur eigenen Beruhigung, obwohl es ihr nicht gelingen wollte, Trost zu finden, ihm war es erspart geblieben, zu überleben – denn was hätte er ohne sie getan?

Aber sie selber nun? Da gab's keine Möglichkeit mehr, Anschluß an das Leben der andern zu gewinnen, die lebten zwar und hatten ihre eigenen Sorgen und Kümmernisse, aber sie kannten das nicht, was sie gekannt hatte, und also blieben sie ihr fremd. Sie hatte einen Lebensinhalt gehabt und eine Aufgabe, danach und daneben hatte es nie etwas gegeben und würde es nichts mehr geben.

Sie hatte, und viele sind oder waren zu allen Zeiten wie sie, für einen einzigen Menschen gelebt und nur für ihn, sie hatte daneben keine anderen Pflichten haben können, wie wäre das auch denkbar oder möglich gewesen?

So wie sie gelebt hat, das war wirklich Leben angesichts des Todes, bewußt und sinnvoll und darum wohl auch glücklich. Wer wollte es wagen, das zu bestreiten? Jedoch das war und ist nicht jedermanns Art und Aufgabe; andere Lebensläufe und -bereiche sind anders, wenn auch deswegen weder von geringerem Wert noch wiederum von größerer Wichtigkeit.

Denn in einer Hinsicht zumindest ist dieser Fall, ist dieses Schicksal einfach: hier gab es kaum eine Wahl, hier war der Weg klar vorgezeichnet, der zu gehen war, wenn man sich nicht schlichtweg drücken wollte vor dem Notwendigen und Schweren.

Für uns andere aber liegen die Dinge doch erheblich komplizierter, verworrener, vielschichtiger; entweder sind wir, jeder auf seine Weise, eingeklemmt in ein Dutzend Verpflichtungen, Termine und Obliegenheiten, oder wir sind von vornherein und ausschließlich beschränkt aufs Private und auf den Familienkreis und -horizont; und auch das ist denkbar, daß keiner uns braucht und niemand uns haben will, wir also auf eigene Faust ausziehen müssen und Ausschau halten nach etwas, für das es sich zu leben lohnt. Und unversehens wird dann aus einer einzelnen Aufgabe ein ganzes Aufgabenbündel, eine Kette weiterer Pflichten schließt sich an, und also gilt es auszuwählen, einzuteilen – Zeit sowohl wie Kräfte, Gesundheit und Gaben –, es gilt sorgsam zu planen, um sich nicht völlig zu verzetteln. In einem Nu jedoch ist darüber die Familie zu kurz gekommen oder, im anderen Falle, die öffentlichen Belange, die einem doch nicht weniger am Herzen lagen; Freunde fühlen sich vernachlässigt oder mißachtet, für den Kirchgang wird die Zeit zu knapp, Bücher verstauben ungelesen auf den Borden, und der sonst so verständnisvolle Hausarzt ringt die Hände, wie ein Mensch nur so haarsträubend mit seiner Gesundheit Raubbau treiben könne. Recht hat er! Und auch der Pfarrer hat recht, der einem einschärft, Arbeit sei nicht das ganze Leben; und nicht einmal dem Vorsitzenden der Schulpflegschaft wagt man zu widersprechen, der zu bedenken gibt, es müsse schließlich auch Menschen geben, die sich ums Wohl der Schule, der Gemeinde, der anderen kümmerten.

Aber was tun? Es ist so vieles, für das wir leben wollen, sollten oder müßten! Worauf kommt's an? Betrachtet man das Leben von seinem Ende her, aus der Sicht der Ewigkeit womöglich gar, sieht man dann manches anders an? Und wie?

Ich sah die Plage,
die Gott verhängt hat,
daß die Menschenkinder
sich damit plagen.
Alles hat er schön gemacht
zu seiner Zeit,
auch die Ewigkeit
hat er ihnen ins Herz gelegt,
nur daß der Mensch das Werk,
das Gott gemacht,
von Anfang bis Ende
nicht fassen kann.

Prediger 3, 10. 11

Ich stell mir vor: Was wird man sagen?

Darf ich Ihre Aufmerksamkeit, die bereits so arg strapazierte, noch einmal in Anspruch nehmen für ein weiteres Phantasie- und Gedankenspiel? Auch diesmal will und werde ich's Ihnen an meinem eigenen Beispiel und Leben explizieren, was ich meine – Sie mögen es dann, wie gehabt, für sich allein auf Ihren Fall anwenden und weiter betreiben, auch im Verein mit vertrauten Freunden oder andern vernünftigen Leuten läßt es sich natürlich ausspinnen. Sie werden freilich sehen, und sicher haben Sie es auch nicht anders von mir erwartet, daß ich's auch diesmal so wenig spielerisch oder spaßig meine wie bei jener Frage nach der Vierundzwanzigstundenfrist.

Denken wir uns also mal, Sie oder ich oder irgendwer, wir würden unsere eigenen Grabreden und Nekrologe hören oder lesen können. Nicht das, damit wir uns recht verstehen, was man in zwanzig, vierzig oder sechzig Jahren einmal an unserer Grube rühmen oder zusammenfassend darlegen und deuten wird, wenn wir womöglich noch dieses und jenes geleistet haben werden oder, auch das wäre ja denkbar, die Welt, welche noch allerlei Hoffnungen auf uns setzt, bitter enttäuscht zurückgelassen haben. Nein, ich stelle mir vor, nur so, aber durchaus nicht ohne Grund und Nachdenklichkeit, ich stürbe heute, morgen oder doch in diesen Tagen. Ich stelle mir weiter vor, ich stürbe einen sozusagen ganz gewöhnlichen Tod, keinen tragisch-erschütternden also, auch keinen, bei dem ich etwa mein Leben für irgend jemanden oder irgend etwas in die Schanze geschlagen und dabei dann drangegeben hätte, auch wäre es nicht Selbstmord gewesen und nicht ein gewaltsames Sterben durch irgendeines Bösewichts Gift oder Beil.

Es wäre nun also zu Ende mit mir, ein blumengeschmückter Sarg stünde in der Kirche, und nun hätte irgendein Geistlicher die traurige Pflicht, ein paar letzte Worte aus diesem Anlaß auch über mich zu sagen, die er – so nehme ich an – ganz gut gekannt hat. Er könnte natürlich, durchaus in meinem Sinne und von vornherein meiner Zustimmung gewiß, alles zur Person gehörende Beiwerk beiseite lassen und nur tun, was seines Amtes ist: Gottes Wort am Sarg verkündigen. Vermutlich aber wird er es so ausschließlich und so unabhängig von diesem bestimmten Leben, das nun abgeschlossen ist, denn doch nicht tun wollen. Auch die versammelte Gemeinde hätte ja ein begründetes Anrecht darauf, zu erfahren, was der betreffende Pastor ihr just aus dem Anlaß dieses ganz konkreten Todesfalles zu sagen hat.

Und da stünde er nun also, nicht willens und auch nicht berechtigt, hier Lob oder Tadel auszuteilen oder gar Gottes Gerichtsspruch vorwegzunehmen, aber doch aufgefordert, ein Wort der Deutung zu sagen, der Rückschau und der Hoffnung vielleicht auch. Ich stelle mir vor: Was wird er sagen? Wie wird er auslegen, was er weiß, was ihm bekannt ist von mir, wie wird er es zu verstehen suchen und zu erklären, was das für ein Mensch war und was für ein Christ? Er müßte es ja sagen angesichts meiner Familie und meiner Freunde, angesichts der Kollegen und der Nachbarn und einer großen Schar von Leuten aus unseren Dörfern hier – dazu aber auch vor Gott selber, der mitten unter diesen allen unsichtbar gegenwärtig wäre.

Und so weit mit meinen Überlegungen gediehen, bin ich nun überaus froh, daß ich das alles ganz bestimmt nicht hören werde! Denn ich sehe voraus, daß selbst bei der allerbesten Absicht und dem entschiedensten Willen zur Aufrichtigkeit und Zurückhaltung ein ganzer Sack voll Fehldeutungen, Mißverständnissen und auch gutgemeinten Lügen herauskommen würde.

Um es noch einmal zu betonen und dick zu unterstreichen: Ich treibe hier keineswegs mit ernsten Dingen Scherz und will um alles in der Welt meinen Kollegen, den Theologen, nichts am schwarzen Zeuge flicken, schon gar nicht in übler Absicht, denn ich müßte mir in diesem Fall zuallererst selber auf die Finger und auf den Mund klopfen, bin auch durchaus bereit, das hiermit zu tun.

Aber: würde man nicht, da schließlich und endlich doch immer ein bißchen gelobt und nicht allzuviel getadelt wird, meine Fröhlichkeit zu rühmen versuchen, meine Lust zu allerlei Späßen, meinen ironischen Schnörkelstil, meine Tüchtigkeit womöglich und meine Hilfsbereitschaft? Ich fürchte es fast, ich kenne das bei aller Mäkelsucht und kritischen Distanz doch meist recht wohlwollende Urteil der Mitmenschen und gar meiner vergebungsbereiten, nachsichtigen und liebreichen christlichen Brüder.

Warum aber, so werden Sie mißtrauisch einzuwenden versuchen, dann so viel Naserümpfen über einen möglicherweise wirklich freundlichen Nachruf? Was will sie denn weiter? Sie wird uns doch nicht einreden wollen, Scheltreden und Strenge wären ihr lieber, oder ein Nekrolog, in dem nur Negatives ausgegraben und breitgetreten wird? Bewahre, das will ich mitnichten, ich bin ein Mensch wie Sie und jeder andere auch, und ein bißchen was Hübsches darf man so unter der Hand schon sagen zum guten Ende, nur nicht gerade in der Kirche oder an der offenen Grube. Was ich mir indessen mit allem Nachdruck ausbedingen möchte, ist dies: daß man die Wahrheit sagt, soweit das nur irgend möglich ist. Nicht um meinetwillen, ich höre es ja nicht, und mir kann's also egal sein, aber um der Leute willen, die dabeisein werden, ergriffen lauschen und von dannen gehen mit einem völlig falschen Bild von meinem Leben, von eines Christen Leben und vom Leben überhaupt.

Denn sehen Sie: es darf doch um keinen Preis der Erde der Eindruck entstehen, als hätte Gott einige seiner Geschöpfe mit reichlich guten Gaben ausgestattet und in die Welt geschickt, wo sie nichts zu tun brauchten, als diese Gaben zu enfalten und auszubreiten, und siehe da – wie fröhlich! Wie klug! Wie tüchtig! Ja, wer doch auch so wäre! Wer doch auch nur so ein kleines Päckchen zu tragen hätte! Da kann man leicht fromm sein . . .

Drum eben plädiere ich mit solcher Entschlossenheit dafür, daß man es ausspricht, was schwierig war, und wie schwierig es gewesen ist ein Leben lang, bestimmt bis zum letzten Augenblick. Mißtrauen Sie den Strahlenden und Tüchtigen, ehe Sie nicht sehr genau wissen, wie hoch der Preis ist, den die dafür bezahlen, Tag für Tag! Glauben Sie nicht, daß Unermüdlichkeit eine Gottesgabe ist und Klugheit ein Geschenk des Himmels, dem nichts hinzuzufügen wäre!

Ich wollte wohl, daß es zu guter Letzt einer ausspräche, allen Leichenreden und Grabgepflogenheiten zum Trotz: Diese Munterkeit und das vergnügte Geplapper, die Arbeitswut und die fast stets durchaus ernstgemeinte Spottsprache und -feder, die waren alles andere als einfach eine glückliche Mitgift der Schöpfung oder der Natur, die stammten vielmehr aus einer ständigen und immer neuen Überwindung von Mutlosigkeit, Schmerzen, Überdruß, Anfechtung, nagendem Zweifel an allem und jedem, die eigene Person inbegriffen. Die Begabung stellt sich bei näherem Hinsehen ganz einfach als Fleiß dar, brav, hausbacken und bieder, dazu ein bißchen Zähigkeit, viel Sitzfleisch und einiger Starrsinn. Die Hilfsbereitschaft entpuppt sich als gieriger Hunger nach ein klein wenig Anerkennung und freundlichen Worten und als Hoffnung darauf, daß Hilfsbereitschaft vielleicht in Fällen der Not mit Hilfsbereitschaft erwidert wird. Wenn hier etwas gerühmt werden kann, dann allenfalls der Mut, immer wieder über den eigenen Schatten zu springen und es mit dem Glauben an einen Gott zu wagen, von dem wir nur Aussagen aus zweiter, dritter und noch späterer Hand haben. Und nicht einmal dieser Mut kann Anlaß zu Lobesreden sein, denn eben der ist – wenn Sie mich fragen – nun ganz bestimmt eine Gottesgabe.

Was also könnte man schon sagen? Vielleicht nur dieses: Da hat ein Mensch gelebt, ein Christ, einer, der es versucht hat, durch die Welt zu gehen und dort etwas zu tun, etwas höchst Vergängliches und Anzweifelbares, ein Mensch, der Glauben für so etwas hielt wie Tapferkeit im Durchhalten und für Anlaß zu einem, wenn auch nicht gerade zügellosen, christlich begründeten Optimismus.

Das ist Ihnen zu wenig? Mag sein, Sie haben recht damit. Aber es ist wenigstens ehrlich, und es ist immerhin eine Maxime, nach der mir zu leben möglich scheint und nach der auch andere wagen könnten zu leben.

Besser ein guter Ruf als Wohlgeruch;
besser man gehe ins Haus der Trauer
als in das Haus des Gelages;
denn dort sieht man das Ende
aller Menschen,
und der Lebende nehme es sich
zu Herzen.

Prediger 7, 2. 3

Ein Ja zum Tod, ein Nein zum Leben

Und da wir gerade von Ehrlichkeit sprechen: Ich will und darf Ihnen an dieser Stelle keineswegs verhehlen oder Sie durch zierlich gedrechselte Worte und Sätze darüber hinwegzutäuschen suchen, daß mir diese Tapferkeit im Durchhalten zuzeiten außerordentlich sauer geworden ist und schier unmöglich schien und daß ich mich viele Male lieber still und heimlich aus dem Leben davongeschlichen hätte, als so hochtönend von christlichem Optimismus zu faseln.

Obwohl, und das ist doch sicherlich seltsam und also der Erwägung wert: gerade in solchen Augenblicken habe ich mich, bewußt oder unbewußt, glaubend oder instinktiv (wobei ich es für möglich halte, daß der Glaube schon so fest und tief in einem Menschen verwurzelt sein kann, daß man ihn mit dem Instinkt verwechselt), offensichtlich viel heftiger auf Gott verlassen, als es nach außen hin den Anschein gehabt hatte und haben mag. Ich verstand ihn zwar nicht mehr, er kam mir weltenweit entfernt von meinem Alltag und meiner Verzweiflung vor, ich wagte auch nicht mehr zu hoffen, daß er noch irgend etwas mit mir vorhätte oder vorhaben könnte, ich sah gar nichts mehr, alle Vernunft war wie weggeblasen, aller Lebensmut, alle Kraft, alle Hoffnung, aller Trost – nur Schwärze, düstere Aussichtslosigkeit und ein absolutes und drückendes Nicht-weiter-Können sah ich, das war da, sonst nichts.

Da habe ich, nicht einmal, sondern unge-
zählte Male, genau gewußt, daß Sterben leichter sein kann als Weiterleben, und ich war einverstanden mit dem Tod und mit dem Totsein,
zugleich aber ganz sicher, daß danach noch etwas kommen würde – Auferstehung, ewiges
Leben, das waren dogmatische Vokabeln, die
sich mit keiner Vorstellung oder Denkbarkeit
verbanden. Begreifen konnte ich aber, daß,
wenn es Gott gab – und das glaubte ich ja –,
er ewig war, außerhalb von Zeit und Raum,
unabhängig von beiden, also auch dann vor-
handen, wenn und wo mein Leben zu Ende
war. Und so konnte ich zum Tode ja sagen (andere sagen es aus ganz anderen Gründen, das
weiß ich wohl), da ich das Leben nicht mehr
wollte, sondern es von mir zu werfen bereit
war.

Doch eben dieser blitzschnell sich vollzie-
hende Vorgang in meinem Kopf machte mir
klar, auch wenn er mir weder Mut gab noch
Trost noch Hilfe, daß ich diesen Gott, von dem
Jesus aus Nazareth sprach, immer einplante,
unwillkürlich mitdachte und einkalkulierte, daß
ich dann also wohl auch im Leben mit ihm rechnen konnte, durfte und sogar mußte.

Aus solchen Überlegungen heraus wählte
ich, wählten wir, mein Mann mit mir zusammen, seinerzeit vor vielen Jahren ein Wort als
Trauspruch, das alle, die es hörten, für über die
Maßen ungeeignet hielten als Leitwort und Le-
bensregel in eine gemeinsame Zukunft hinaus,
das wir aber für eine Maxime ansahen, die das

Leben angesichts des Todes bestehen und lehren könnte und würde.

Und weil ich weiß, daß es nur wenige Menschen gibt, die nicht einmal erwogen haben, freiwillig aus der Welt wegzugehen, hingegen viele, sehr viele, die sich ihr Leben lang herumschlagen mit diesem verzweifelten Wunsch, dieser Sehnsucht, ausgelöscht zu sein und sich nicht mehr quälen zu müssen, keine Schmerzen mehr zu haben, keine Verantwortung mehr tragen und schleppen zu müssen und nicht mehr alles Elend dieser Erde beständig vor sich zu sehen, obwohl man es nicht ändern kann, darum also sage ich, nur darum, wie dieses unser Lebensleitwort heißt:

»Christus ist mein Leben, und Sterben ist mein Gewinn. Wenn aber das Leben im Fleisch mir dazu dient, mehr Frucht zu schaffen, so weiß ich nicht, was ich wählen soll. Beides liegt mir hart an: ich habe Lust abzuscheiden und bei Christus zu sein, was auch viel besser wäre; aber es ist nötiger, im Fleisch bleiben, um euretwillen. In solcher Gewißheit weiß ich, daß ich bleiben und bei euch sein werde« (Philipper 1, 21–25).

Ich weiß wahrhaftig, daß und warum ich oft lieber sterben würde, und übrigens würde ich es vielleicht sogar dann wollen, wenn es nur ein Eingehen wäre ins Nichts und Nirgendwo und Niemalsmehr. Aber das ist doch leicht zu begreifen und zu bejahen, daß Leben wichtiger ist als Totsein, weil es nützlicher, nötiger und also auch sinnvoller ist. Ich werde noch gebraucht, das lasse ich mir gerne sagen, gerade weil ich manchmal, sogar meistens – wenn ich ehrlich sein soll – nicht weiß, wofür, wozu, warum, für wen.

Doch ich kann es auch mit anderen Worten sagen und kann höchst irdisch und menschlich argumentieren, ganz und gar innerweltlich also: Was mich hält, was mich im Falle auch der ärgsten Verzweiflung doch immer noch gehalten hat und vermutlich auch weiterhin halten wird, ist Pflichtgefühl und Liebe. Ich brauche mich nur umzugucken, hier oder anderswo, da sehe und höre ich, daß es für mich noch allerhand zu tun geben wird in den nächsten Jahren, und vor Arbeit und Plackerei habe ich mich, von winzigen und hoffentlich entschuldbaren Ausnahmen abgesehen, noch niemals gedrückt. Da will ich mich also wohl wieder ans Werk begeben, der Mut dafür wird mir hernach schon kommen, so wie der Appetit beim Essen kommt. Soweit die Sache mit dem Pflichtgefühl.

Nicht ganz so offensichtlich steht es mit der Liebe, doch auch dies will ich immerhin zu erklären versuchen. Daß mir so viele Leute herzlich und ausdauernd zugetan sind, so viele andere mir freundlich begegnen und mich samt meinen Schrullen und Grillen geduldig ertragen, so viele mir ihre Hilfsbereitschaft angedeihen lassen, so viele schließlich auch mir zugehört und meine Ausführungen in Schrift oder Rede mit Anerkennung aufgenommen haben, das alles kann ich ohnehin nur selten in angemessener Weise erwidern, zurückzahlen oder gar übertreffen. Und da sollte ich nun, statt sie wenigstens alle mitsammen meinerseits ein bißchen zu mögen und liebzuhaben, ihnen einfach den Rücken drehen und sie mit einem Achselzucken ihrem Schicksal überlassen? Wird's denen denn nicht selbst oft schwer genug, das Leben zu bestehen? Da möchte ich gern ein tröstliches Beispiel geben und ein ermutigendes dazu, statt eines der Verzweiflung, des Unglaubens gar und der Resignation.

Denn auch mir, dies nun noch als allerletztes, hat es nicht selten den Mut und den Rücken gestärkt, daß dieser oder jener ein Vorbild war an Tapferkeit im Durchhalten, wie es, weit mehr als jeder von uns, Jesus von Nazareth gewesen ist.

Dies ist, ich weiß es recht gut, alles andere als eine vollständige oder gar überzeugende Auskunft, die allerdings habe ich auch gar nicht geben wollen. Mehr nämlich, so dachte ich mir, wäre Ihnen, wenn überhaupt mit irgend etwas, mit meiner ehrlichen, wiewohl gänzlich privaten Antwort gedient.

Die habe ich Ihnen, wie Sie sehen, nicht vorenthalten.

Mein Herz ist getröstet, o Herr!
Getrost ist mein Herz.
Ich will singen und spielen.
Wach auf, meine Seele, wach auf!
Wacht auf, Leier und Harfe!
Ich will das Morgenrot wecken.
Ich will dir danken, Herr,
vor den Völkern,
ich will dir spielen unter den Menschen.
Denn deine Güte reicht,
so weit der Himmel ist,
und deine Treue,
so weit die Wolken gehen.

aus Psalm 57

Immer wenn ich glücklich bin

Manchmal jedoch versteht man von einem Tag auf den andern, was sage ich, von einer Stunde zur anderen gar, seinen eigenen Gram und Jammer überhaupt nicht mehr. Wie konnte ich nur! Wie kam's dazu? Und wie habe ich eigentlich wieder herausgefunden? Habe ich mich denn sonderlich angestrengt dafür? Doch wie dem auch sei: auf einmal bin ich glücklich und guter Dinge, ich genieße den Augenblick in vollen, tiefen Atemzügen und sehe allem Kommenden vergnügt und tatendurstig entgegen. Was ficht's mich an, wenn es hernach wieder knüppeldick über mich hereinbrechen wird! Heute freue ich mich erstmal meines Lebens, das ich durchaus lebens- und liebenswert finde, lohnend und lockend – hätte ich nur öfter solche Stunden! Oder habe ich sie etwa und bin mir dessen nur nicht bewußt? Unglück erkennt man ja gleich und bejammert es flink und zungenfertig, aber erkennt man Glück mit ebensolcher Sicherheit? Wer weiß . . .

Da muß ich doch mal eben überlegen, geben Sie mir bitte eine kleine Weile Frist, damit ich nach- und zurückdenken kann. Wann ist ein Mensch glücklich? Unfug, nein, was weiß ich von den Menschen so allgemein und gar in diesem Punkt? Wie kann ich wissen, wann, warum und wo sie glücklich sind, auf welche Weise, in welchem Maß und für wie lange? Gar nichts weiß ich. Freilich könnte man fragen, auch dies wäre ein Spiel, ein Thema für Gespräch und Austausch mit dem Liebsten, mit netten Leuten – inzwischen aber behelfe ich mich mit Selbstgespräch und Eigenbefragung und schreibe es auf mit der so oft geübten Ehrlichkeit, mit Sorgfalt und nur leicht gekürzt.

Da fällt mir vieles ein, verschiedenartiges, verschiedengewichtiges auch! Passen Sie auf, vielleicht entdecken Sie sogleich Verwandtes oder vielleicht widersprechen Sie mir sofort und führen ganz und gar andere Erlebnisse oder Eindrücke ins Feld, die in Ihrer Erinnerung bereitgelegen haben und nun ans Licht des Tages gefördert werden, unversehens!

Manchmal, wenn ich nächtens am Schreibtisch sitze, hartnäckig mit einem Thema befaßt, in eine Tätigkeit vertieft, die einer Knobelei gleichkommt, die schwierig ist und mir Mühe bereitet, zäh bin ich drübergeblieben und knie mich nicht ohne Überwindung hinein, und dann auf einmal passiert's, dann platzt der Knoten, sozusagen, dann sehe ich klar, dann habe ich begriffen, dann kann ich sagen, was ich sagen wollte – dann bin ich glücklich. Dann möchte ich am liebsten meinen Mann bei seiner ebenfalls mühsamen Pflichterfüllung stören, umarmen, dann wieder wegrennen, weitermachen – wunderbar ist das. Dann lebe ich, dann finde ich, daß ich schon viel vom Leben gehabt habe und immer noch habe, und dann bin ich sicher, daß dergleichen sich wiederholen wird, und ich freue mich, und von Trübsalblasen kann überhaupt keine Rede mehr sein.

Das ist ein Beispiel, ein ganz simples, aber es

gibt andere, sozusagen große Momente, auf die hat man sich lange schon gefreut, die hat man vorbereitet, denen hat man entgegengefiebert, und nun ist's soweit. Ganz deutlich entsinne ich mich an einen solchen Augenblick, freilich war es kein Augenblick, sondern eine viel längere Weile, aber darüber dachte ich gar nicht nach, als ich mittendrin war, da genoß ich einfach, was ich so heftig herbeigesehnt hatte: Das Flugzeug begann langsam zu sinken, ein Küstenstrich kam in Sicht, eine unbekannte Stadt, Obstgärten, Felder, im Hintergrund eine blauviolette Gebirgssilhouette, und was ich da sah, war das Ziel meiner ersten großen, sozusagen »richtigen« Urlaubsreise: Israel.

Aber nicht immer sind die Minuten und Sekunden des Glücklichseins so aufregend und so einzigartig, meistens bieten sie sich im unscheinbaren Alltagslicht dar, so nebenbei, unerwartet, überraschend. Da war viel Arbeit zu bewältigen im Haushalt, am Schreibtisch, im Beruf, im Garten – den Garten hatte ich arg verkommen lassen, und so sah er auch aus, als ich mich drübermachte zu hacken, zu jäten, umzupflanzen und hochzubinden. Ich war beinahe ein bißchen ärgerlich, daß ich nun ausgerechnet dies heute tun mußte, da so viel anderes, Wichtigeres, Interessanteres anlag. Aber trotzdem, die Pflicht, das Pflichtgefühl – wer kennt das nicht? Und langsam wurde es Abend, die Vögel sangen lauter, die Erde roch ganz stark und kräftig, die Sonne ging hinter den Dünen unter und warf noch einen letzten rotgoldenen Schein auf das Haus, die Beete, das Gesträuch – da legte ich die Hacke aus der Hand und holte ganz tief Luft: war das herrlich! Ich meinte beinahe, es mit den Fingern greifen zu können und bis in die Zehen hinunter zu spüren, daß ich glücklich war und daß mein Leben bestimmt nicht leer und unerfüllt gewesen wäre, wenn ich plötzlich sterben müßte. Ich hätte alles gehabt, alles gelebt, genossen und mich aus tiefster Seele dran gefreut, weil es solche Stunden gab. Sie wollen noch mehr darüber hören? Nein?

Nun gut, nur eine kurze Erklärung müssen Sie mir noch gestatten, bitte! Ich habe doch – ist es Ihnen bewußt geworden? – noch nicht gesagt und erläutert, was dies alles mit meinem, mit unserem gemeinsamen Thema zu tun hat. Sie wissen es schon? Desto besser!

Natürlich, dies war die Meinung und die Absicht: Hätte man niemals solche Stunden, solche Augenblicke gekannt oder hätte man sie nicht beachtet, sich bewußt gemacht, rot angekreuzt, wenn ich so sagen soll, dann hätte man nichts vom Leben gehabt, dann wäre es, wie alt man auch würde, kein erfülltes und lohnendes Leben gewesen.

Hätte man aber, auch dies muß ich wohl erwähnen, lauter solche Momente oder doch sehr, sehr viele, zu viele davon gehabt, so müßte man vielleicht befürchten, daß nun nichts mehr käme, daß alles vorbei und vorüber wäre. Doch gibt's das wohl kaum, wahrscheinlich überhaupt nicht, denn bei allen Lebendigen ist – sagte ich's nicht bereits? –, was man wünscht: Hoffnung.

Vielleicht, das wage ich nicht zu behaupten, hat man in Grenzen in der Hand, dergleichen Glücksmomente herbeizuführen, sie gewissermaßen zu provozieren? Vielleicht auch nur, indem man aufpaßt wie ein Luchs, wann und wenn sie da sind, und sie dann nicht hinnimmt wie etwas, das man sich ohnehin verdient haben würde und das eigentlich ein bißchen besser, üppiger, aufregender hätte ausfallen können, wenn man's loben sollte.

Nein, weiter sage ich zu diesem Thema nun nichts, ich überlasse es Ihnen, es auszuspinnen und die Schlüsse draus zu ziehen.

Der Herr ist mein Hirte,
mir wird nichts mangeln.
In einer reichen Aue ist meine Weide,
frisches Wasser quillt mir,
wo immer er mich hinführt.
Er erquickt meine Seele.
Er führt mich auf rechten Wegen,
denn Gott ist es, der mich leitet.
Und wenn ich im finstern Tal wandre,
fürchte ich kein Unheil,
denn du bist bei mir,
dein Stab, dein Speer,
sie schützen mich
und geben mir Frieden.

aus Psalm 23

Herr, nun lässest du deinen Diener in Frieden fahren

Wie steht es damit: Sind wir eigentlich noch immer bei den Fragen, den sich häufenden, bedrängenden, alle Antwort immer wieder hinausschiebenden Fragen? Wir haben so unter der Hand und fast nebenbei eine stattliche Reihe von Auskünften und Teilantworten zusammengetragen, ich die meinen, Sie hoffentlich die Ihren, das Gestrüpp der Überlegungen, Einwände und immer neuen Anläufe hat sich gelichtet, kaum haben wir's beachtet und vermerkt. Und nun? Nun das Patentrezept, die Einheitsformel für jedermann, das Weisheitssprüchlein, das sich auswendig lernen, wiederholen und dann bei Bedarf anwenden läßt?

Selbst wenn es derlei Gültiges und Allgemeines gäbe, ich würde mich hüten, es auszusprechen und anzubieten. Sie müssen schon selber herausbekommen, was für Sie gilt, und was nur für Sie gilt, für keinen anderen Menschen genauso!, und Sie werden es auch – auf Ihre Weise, nach dem Zuschnitt Ihres Lebens; Ihrem Alter, Ihrer Herkunft, Ihrer Seelenverfassung entsprechend; Ihren Gaben, Ihrer Gesundheit, Ihrer höchst persönlichen Einsicht angemessen. Jedes Schicksal ist anders, wie jeder Mensch anders ist, verschieden vom Mit- und Nebenmenschen, und wäre er ihm auch noch so ähnlich. Das ist der Reiz der Schöpfung und, wie mich dünkt, eines der Geheimnisse Gottes, das man glücklicherweise niemals ergründen wird.

Handreichungen habe ich Ihnen genug gegeben, übergenug womöglich gar, und natürlich sind Sie mir inzwischen längst auf die Schliche gekommen und haben entdeckt, daß ich zu Beginn dieses Büchleins selber nicht wußte oder auch noch nicht wissen konnte, wie meine eigene Antwort etwa aussehen könnte, daß ich sie mit Ihnen zusammen und im Gedankengespräch mit Ihnen, den unbekannten Leserinnen und Lesern, gesucht habe, entworfen und wieder bestritten, dann kritisch überprüft und allmählich anzuwenden versucht bis hierher, bis zu diesem Punkt in der Zeit, bis zu dieser Zeile kurz vor dem Schluß.

Und weil ich von A bis Z an meinem eigenen Beispiel auseinandergelegt und erklärt habe, wie ich's meine, wie ich dachte, wo ich mich wehrte und wo ich eine Antwort schon ahnte und ein Ziel doch zeitweise schon anvisierte, weil ich mich selbst also so unziemlich, wenn auch mit gutem Grund in den Mittelpunkt dieser gemeinsamen Betrachtung stellte, muß ich wohl auch mit meinem eigenen Zeugnis abschließen – anders wäre es unfair, das sehe ich ein, und Sie hätten ein Recht, mich in diesem Fall beim Kragen zu nehmen und um Auskunft zu ersuchen.

Ich will's knapp und bündig machen, der Worte sind genug gedrechselt. Wenn man weiß, vielleicht auch nur ahnt, warum man gelebt hat, worauf es ankommt und wohin es mit uns hinauswill, dann kann man ebensowohl weiterleben wie abgerufen werden, man ist einverstanden mit dem einen wie mit dem anderen. In jedem Falle wird man aber die Frist bis zum unbekannten Todestermin zu nützen suchen, bewußt, dankbar, glücklich im Auskosten jeder Stunde und tapfer im Durchhalten in der Trübsal. Man kann und mag dann getrost vom Sterben sprechen, das Thema Tod ist kein Tabu mehr, der Tod selbst keine Drohung, kein Schatten über dem ganzen langen Leben.

Meine Antwort also ist die Antwort eines Christen, sie lautet so: Herr, nun lässest du deinen Diener in Frieden fahren, wie du gesagt hast; denn meine Augen haben deinen Heiland gesehen.

Ich habe geglaubt und erkannt, was ich glauben und erkennen wollte und sollte.

Ich bin gewiß,
daß weder Tod
noch das bedrohliche Leben,
noch Boten der dunklen Macht,
weder Zufall noch Schicksal,
weder das heutige Unheil
noch die Gefahren von morgen,
weder Gewalten der Erde
noch Mächte in den Sternen
uns zu scheiden vermögen
von der Liebe Gottes,
die uns in Christus erschien,
unserem Herrn.

aus Römer 8, 38.39

Aus einem Brief an die Freunde

geschrieben nach dem Tode
Hannelore Franks am 21. Juli 1973
von Henning Frank

Der Weg bis zur eigenen Pfarrstelle war für sie lang und mühevoll. Schon die Erlaubnis, das 2. Theologische Examen zu machen, hat sie sich nur mit Hartnäckigkeit erstreiten können. Dann hatte sie nach dem Examen die Anstellungsfähigkeit, schriftlich und mit Siegel, und seit dem Sommer 1959 war die Pfarrstelle in List frei, sie wollte gern nach List, der Kirchenvorstand war bereit und willens, sie zu nehmen, aber der Bischof sagte: Wir wollen nicht.

Über die Enttäuschung dieser Ablehnung hat sie sich hinweggeholfen durch Schreiben – Briefe, Artikel, dann Andachten im Funk, wieder Artikel, Redaktionsarbeit bei »Frau und Mutter«, eine Rundfunkpredigt, später ein kleines Fernsehspiel, das Wort zum Sonntag, und im ganzen zehn kleine Bücher. Eine eigene Kanzel wurde ihr verwehrt, aber auf allen Kanzeln der Insel hat sie immer wieder, oft Sonntag für Sonntag, vertretend gepredigt. In dieser Zeit unternahm sie 1965 und 1967 ihre zwei Reisen nach Israel, die ihr, schon vom Studium her eine Freundin des Alten Testaments, unvergessene, nachwirkende Eindrücke von Menschen und vom Land bescherten.

1969 war die Pfarrstelle in List wieder frei –

diesmal sagte unser Bischof: Wenn die Pastorin sich bewirbt, der Kirchenvorstand sie will, der Propst einverstanden ist, warum soll ich es verhindern? Im Mai 1969 erreichte sie das lang ersehnte Ziel, in ihren Tagebuchnotizen steht am 1. 5. 1969: »Pastorin in List! Zeitungsartikel, Blumen, Geschenke und ein sonniger Frühlingstag.«

Mit Leidenschaft und ungeheurem Fleiß bei der Vorbereitung und Niederschrift ist sie ihrem Predigtauftrag nachgekommen, sie hat Sprechstunde gehalten und mit Einfühlung und Sorgfalt ihren Dienst getan bei Taufen, Trauungen und Beerdigungen. Dazwischen entstanden dann immer wieder Artikel für Zeitungen und Bücher, Interviews und Ansprachen für Funk und Fernsehen. Und aus ihrer Arbeit kamen zur großen Zahl der Bekannten immer wieder neue Menschen hinzu, so daß sie insbesondere in und nach den Zeiten des Krankseinmüssens die unerledigte Post bedrückte.

Seit Ostern 1971 wurde ihr alles schwerer. Müdigkeit, Schwäche, Schmerzen – diese Worte tauchen immer häufiger in ihren Tagebuchnotizen auf. Noch wußte keiner von uns, wo und was die Ursache war. Anfang Juli 1971 war ihr Zustand beängstigend. Im Januar 1972 kam zur Niereninsuffizienz eine schwere Asthmaattacke hinzu. Damals wußte sie und wußten wir schon, daß jede weitere schwere Infektion zu ihrem Nierenleiden hinzu die Gefahr eines sehr schnellen Todes bedeuten konnte.

Trotz Schmerzen und Schwäche hat sie den Sommer 1972 hindurch voll ihren Dienst getan. »Ich fühle mich jung, frisch, gesund und munter. Prima!! ... Ich bin glücklich und wühle mich durch alle Arbeit.« So steht im Sommer in den Notizen. Und das in diesem Sommer Geschriebene und ihre Predigten aus dieser Zeit gehören zum Besten, was aus ihrer Feder gekommen ist. Vom 12. September bis Ende Oktober waren wir zusammen im Sanatorium Amelung in Königstein im Taunus. Dort hat Hannelore, zwar nicht ohne Rückschläge, Kraft gesammelt für die von ihr am meisten geliebte Arbeit: das Pfarramt in List. November und Dezember waren noch einmal eine gute Zeit für sie, das heißt immer gegen Anflüge von Schwäche abgerungene Zeit der Arbeit und der Leistung. Am 24. 12. schreibt sie nach dem Gottesdienst, den sie um 22 Uhr in der St.-Severin-Kirche in Keitum gehalten hat, in ihr Tagebuch: »Glücklich, glücklich und sehr müde.« Und eine Woche später zum Schluß des Jahres: »Wünsche für 1973? Daß es so bleiben möge, daß ich diese Menschen behalten darf, weiter arbeiten kann und noch was Vernünftiges tun. Und ein Herz für andere Menschen bekommen!«

Einige schöne Monate blieben ihr noch. Sie hat sie intensiv, vollzugreifend, glücklich und froh bis zum letzten Tag genutzt. Dazwischen lagen die Gottesdienste der Karwoche und an Ostern. In dieser Zeit schreibt sie ins Tagebuch: »22. 4. Zum erstenmal seit Monaten hab ich vergessen, wie schlecht es mir geht.« In der Woche zwischen dem 29. 4. und der Konfirmandenprüfung in List am 6. 5. hat sie ihr letztes und zehntes Buch fertiggestellt: »Lebenskunst für Christenmenschen«.

Vom 16. Mai bis zum 5. Juni waren wir im Urlaub in Sudermühlen in der Lüneburger Heide – es war wunderschön, Hannelore war gelockert und gelöst, ausgeglichen und ausgelassen, voller Freude über einen Wurf neugeborener Kätzchen in der Remise, Entenküken auf dem Mühlenwehr und einen über und über blühenden Kirschbaum. Nach dem Gottesdienst, den sie am Pfingstmontag in Wenningstedt hielt, war ihre Kraft sichtbar erschöpft, sie mußte sich hinlegen, die Leibschmerzen plagten sie weiter. Am 27. Juni wurde sie von hier mit dem Krankenwagen nach Niebüll gebracht und von dort in einem anderen Krankenwagen gleich in das Universitätskrankenhaus Hamburg-Eppendorf weitertransportiert. Dort ist sie noch am 27. Juni abends sehr spät operiert worden, an einem Darmschluß. Sie war sich des Ernstes ihres Zustandes sehr bewußt, und zugleich plante sie, konkret bis in die Einzelheiten und wohldurchdacht, an dem schmalen Streifen Hoffnung, daß ihr vielleicht noch eine kurze Frist gewährt werden könnte. Dann wollte sie noch einmal nach Israel, nach Jerusalem. Am 20. Juli sehr früh rief Schwester Irmgard an: es ginge ihr sehr viel schlechter. Als ich kurz vor 9 Uhr in ihr Zimmer kam, lag sie schon in einer ganz tiefen Bewußtlosigkeit, die wahrscheinlich durch eine Uraemie verursacht war. Aus dieser Bewußtlosigkeit ist sie auch nicht wieder erwacht, sie hatte keine Schmerzen, das war zu spüren. Sie hatte ausgehalten, war nun frei und gelöst, wie schlafend, das unruhige Herz ruhig.

Unser Bischof hat danach Leben und Wirken der Pastorin, ihre Unabhängigkeit im Denken, Reden und Schreiben, ihre Unverwechselbarkeit und besonders herzlich ihr Bemühen, menschlich und verständlich zu sagen, was sie sagen wollte und zu sagen hatte, umschrieben und gedeutet. Gemeinsam haben wir gesungen, so hatte sie es gewollt, »Warum soll ich mich denn grämen« und »Jerusalem, du hochgebaute Stadt«. Ihre letzten Pläne, in jener besonderen Situation und Spannung, wo Wissen über den Ernst der Krankheit und Hoffnung auf noch eine kleine Frist nebeneinander und miteinander da sind – und wo die Hoffnung größer ist als Angst und Furcht, waren auf Jerusalem gerichtet.

Weitere Bücher von Hannelore Frank

Zuversicht

Ein Begleiter durch das Jahr
Herausgegeben von Barbara Hug,
4. Auflage (22.–25. Tausend),
382 Seiten,
Bibelstellen- und Schlagwortregister,
gebunden

»Dieses Buch soll nach dem Willen der Herausgeberin Barbara Hug ein Gesprächspartner für Fragen des Alltags sein, die den Menschen und den Christen immer wieder bewegen. Wer das Buch in die Hand nimmt, der erlebt, daß die Worte von Hannelore Frank wirkliche Begleitung durch das Jahr geben.«
Evangelisches Sonntagsblatt, Hof

Lebenskunst für Christenmenschen

2. veränderte und erweiterte Neuausgabe,
(11.–13. Tausend), 124 Seiten, kartoniert

Die Bewährung des Christen im Alltag, oft eine unerfüllbar scheinende Forderung, hier ergibt sie sich gleichsam von selbst, dargestellt an einfachen Beispielen. In ihren lebendigen Erzählungen gelingt es der Autorin, Mut zur Hoffnung und zur Lebensbejahung zu machen, ohne zu vereinfachen oder menschliche Konflikte zu verdecken.

Kreuz Verlag Stuttgart · Berlin